Crime en Bretagne – Verbrechen in der Bretagne

von Ann-Kathrin Ehlers

Langenscheidt
München · Wien

Lektorat: Bettina Müller Renzoni
Französischsprachiges Lektorat: Bettina Savino
Illustrationen: Rüdiger Trebels
Umschlaggestaltung: init GmbH Kommunikationsdesign, Bad Oeynhausen, unter Verwendung einer Illustration von Rüdiger Trebels

Satz: Franzis print & media GmbH, München
Druck und Bindung: Druckerei C. H. Beck, Nördlingen
Printed in Germany

ISBN 978-3-468-20656-6

17031

Inhalt

In die Bretagne

"Mesdames et Messieurs, bonjour! Ce train **s'arrêtera en gare** de Vannes dans deux minutes", kam die Stimme aus dem Lautsprecher.
"Was hat er gesagt?", fragte Lukas.
Seine Schwester Jessica saß ihm gegenüber und hatte ihre Nase an die Fensterscheibe gepresst.
"Vannes."
"Eben gerade."
"Nein, nicht wann, du Dussel, Vannes. Hier müssen wir raus."
"Ich bin kein Dussel!"
Dass die Franzosen auch so eine komische Aussprache haben mussten! Leider hatte Jessica ihrem Bruder schon ein Jahr Französisch voraus, und das bekam er jetzt zu spüren. Die ganze Bahnfahrt über hatte sie ihn immer ein bisschen damit gepiesackt. Gestern Abend hatten ihre Eltern sie in Hamburg in den Nachtzug gesetzt, heute Morgen waren sie am **Gare du Nord** in Paris angekommen, hatten sich mit der Métro unter der Stadt zum **Gare de Montparnasse**

---

s'arrêtera en gare wird im Bahnhof einlaufen
Gare du Nord (großer Kopfbahnhof im Norden der Stadt)
Gare de Montparnasse (großer Kopfbahnhof im Südwesten der Stadt)

durchgeschlagen und waren dort in den **TGV** in die Bretagne eingestiegen. Es hatte alles geklappt, aber von der Hauptstadt hatten sie praktisch nichts gesehen. Den **Tour Eiffel** und den **Arc de Triomphe** hätte Lukas schon gern besichtigt, aber das musste wohl bis zu ihrer nächsten Frankreichreise warten. Hier in der Bretagne würde es bestimmt nur Ruhe und Erholung geben.

"Komm, wir sind da!"
Lukas sprang auf. Der Zug wurde schon langsamer.
"Hilf mir mal mit meinem Gepäck." Jessica zerrte an ihrer Reisetasche, die sie in die Ablage über den Sitzen gequetscht hatte. "Bitte! Da hängt irgendwas fest."
"Kommt davon, wenn man so viel mitnimmt."
Lukas zog seinen kleinen Koffer unter dem Sitz hervor und war startklar.
"Du hast bestimmt wieder die Hälfte vergessen", erwiderte seine Schwester bissig. "Glaub ja nicht, dass ich dir nachher eine von meinen Unterhosen leihe, wenn du merkst, dass deine alle noch zu Hause im Schrank liegen."
"Nee, besten Dank."

TGV [train à grande vitesse] Hochgeschwindigkeitszug
Tour Eiffel Eiffelturm
Arc de Triomphe Triumphbogen (Denkmal in Paris)

VANNES

Das wäre echt das Letzte. Irgend so ein rosa geblümtes Teil.
Langsam wurde Jessica panisch.
"Nun hilf mir doch mal!"
"Est-ce que je peux t'aider?"
Ein großer, grauhaariger Franzose, der sich aus der nächsten Sitzecke alles mit angesehen hatte, war aufgestanden und versuchte sich durch zusätzliche Handbewegungen verständlich zu machen.
"Ah, oui! Oui, s'il te plaît!"
"S'il *vous* plaît", warf Lukas schnell ein.
Jessica sah ihn böse an. Der Franzose lachte.
"**Ne te fâche pas**, c'est ça les frères. **C'est toujours la même chose** avec eux. Mais, crois-moi, **au fond**, ils sont gentils."
Sie schluckte ihren Ärger schnell runter und nahm die Reisetasche entgegen. Sie hatte den Mann nicht hundertprozentig verstanden, aber den groben Sinn schon: Es war überall das gleiche mit Brüdern.
"Bonnes vacances à vous deux!"
Der Franzose nickte den beiden zu und setzte sich zurück an seinen Fensterplatz.

---

ne te fâche pas sei nicht böse
c'est toujours la même chose es ist immer dasselbe
au fond im Grunde genommen

“Merci beaucoup”, rief Jessica noch über ihre Schulter, und dann hatte der TGV auch schon angehalten, und sie und ihr Bruder eilten zur Tür.

Der Bahnsteig war voller Leute, und Jessica und Lukas, die nicht wussten, wo sie hin sollten, standen irgendwie allen im Weg. Eine Traube von Menschen drängte an ihnen vorbei: Männer mit Aktentaschen und Zeitungen unter dem Arm, Frauen in grauen Kostümen, ein Blinder und sein Hund, Familien mit kleinen Kindern, eine Gruppe Radfahrer und Urlauber mit Rollenkoffern. Da merkten sie plötzlich, dass sie keinen Treffpunkt mit den Duclos ausgemacht hatten. Sollten sie auf dem Bahnsteig warten oder lieber zum Ausgang gehen? Als sie schließlich ganz allein waren, wurde Jessica etwas mulmig zumute.

“Komm, lass uns mal draußen gucken, ob da jemand auf uns wartet”, sagte Lukas.

Durch die kleine Halle folgten sie dem Schild “Sortie” bis hinaus in die Sonne. Für Mitte Oktober war es noch sehr schön warm, und der verführerische Duft von frischen Croissants wehte über den Platz. Wenn sie nicht so allein und verlassen gewesen wären, hätte Jessica diesen Moment genossen. Sie fürchtete schon, die Telefonnummer der Familie Duclos anrufen zu müssen, die ihre Mutter auf einen roten Zettel geschrieben und zu den Fahrkarten

gelegt hatte. Telefonieren in Frankreich. Das konnte ja nur schief gehen.
“Kann ich schnell zur Bäckerei da vorne laufen und etwas kaufen?” frage Lukas.
“Nein, nicht jetzt. Wir können doch jetzt nicht anfangen in der Stadt herumzugeistern, dann findet uns Michelle Duclos nie.”
Lukas wollte gerade protestieren, da kam eine Frau auf sie zugeeilt.

Das war nicht die Frau, die sie von dem Foto her kannten, das ihre Mutter ihnen von ihrer Brieffreundin gezeigt hatte. Michelle Duclos war groß, mit kurzen, blonden Haaren, aber die Frau, die da auf sie zusteuerte, war klein, rundlich und hatte eine wilde Lockenmähne.
“Schessika? Lüka?” fragte sie und streckte ihnen schon ihre Arme entgegen.
Jessica wollte der Frau die Hand schütteln, aber die zog sie zu sich heran und küsste sie auf beide Wangen. Lukas wich zurück, aber auch er bekam zwei Begrüßungsschmatzer ab.
“En France, **on se fait la bise**”, sagte die Frau und lachte, als Lukas sich mit dem Ärmel das Gesicht wischte.

---

on se fait la bise küsst man sich zur Begrüßung auf die Wangen

"Je suis Isabelle, Isabelle Ragoût. Je suis la **voisine** des Duclos", stellte sie sich vor.
"Ernsthaft?" frage Lukas. "Ragoût, wie … ähm … comme la **fricassée**?"
"Oui, comme la fricassée, mais tu peux m'appeler Isa."
"Et toi, tu peux m'appeler Lukas", sagte Lukas schnell.
"Lou-casse. D'accord."
"Et moi, je suis Jessica", fügte Jessica hinzu, wo sie schon dabei waren, alle Namen richtig zu stellen.
"Yessica, comme chez nous alors." Sie lachte wieder und nickte dann mit ihrem Lockenkopf in die Richtung, aus der sie gekommen war. "Michelle n'a pas pu venir. **Elle a eu un empêchement.** Et comme j'étais **tout près** … **je vous emmènerai** à Kerbelnez. Ma voiture est **là-bas**, **à cinq minutes d'ici**, sur le **parking gratuit**."
"Was?", flüsterte Lukas seiner Schwester zu.
"Ihr folgen."

---

voisine Nachbarin
fricassée Frikassee
Elle a eu un empêchement. Ihr ist etwas dazwischen gekommen.
tout près ganz in der Nähe
je vous emmènerai werde ich euch … bringen
là-bas dahinten
à cinq minutes d'ici fünf Minuten von hier
parking gratuit kostenlosen Parkplatz

Isabelle hatte viel zu schnell gesprochen, aber den Schluss hatte Jessica verstanden. Doch warum konnte Michelle Duclos nicht selber kommen?

Sie zogen los, vorbei an der "Boulangerie", die köstlich aussehende Gebäckteile im Fenster liegen hatte, vorbei an einer "**Poissonnerie**" mit einem riesigen, grinsenden gemalten Fisch auf der Tür, einer "**Boucherie**", die auf einer Tafel "lapins" und "**filet de porc**" anpries, und ein paar Souvenirläden. An einem kleinen Kiosk machte Isabelle halt.
"Attendez-moi une minute", sagte sie und verschwand.

Jessica stellte ihre Reisetasche neben sich ab und rieb sich die Hände. Sie hatte wirklich zu viel eingepackt. Hoffentlich war der Parkplatz nicht mehr weit. Sie waren schon mehr als fünf Minuten gelaufen, mindestens zehn. So fühlte es sich zumindest an. Da kam Isabelle wieder aus dem Laden.
"**Voici** des **caramels bretons**, **soyez les bienvenus en Bretagne**!" Sie gab Lukas eine kleine Holzschach-

---

poissonnerie Fischgeschäft
boucherie Metzgerei
filet de porc Schweinefilet
voici hier
caramels bretons bretonische Sahnebonbons (Spezialität)
Soyez les bienvenus en Bretagne! Herzlich willkommen in der Bretagne!

tel. "Amandine, ma fille, les adore. Tous les enfants les aiment."
"Merci beaucoup."
Lukas öffnete die Schachtel. Lauter dunkelbraune, in Zellophan eingewickelte Karamelbonbons. Er bot Isabelle und Jessica ein Bonbon an und steckte sich selber auch eins in den Mund. Sie schmeckten wunderbar: klebrig und süß und salzig zugleich. Damit ging das Gepäcktragen gleich etwas leichter.

Endlich kamen sie am Parkplatz an. Isabelles Auto stand in der Sonne. Ein klappriger, mattblauer Peugeot. Die Kinder luden ihr Gepäck in den Kofferraum und setzten sich auf die Rückbank. Um den Beifahrersitz konnten sie sich nicht streiten, denn der war schon mit einem Stapel roter Plastikkisten belegt. Kaum hatte Isabelle den Motor gestartet, da klingelte ihr Handy.
"Michelle? ... Oui, **je les ai récupérés** ... oui ... Non! **... Ce n'est pas vrai!** ... **On arrive.**
"**Qu'est-ce qu'il y a?**" fragte Lukas.
"Un **cambrioleur** ... chez les Duclos", antwortete Isabelle und trat aufs Gaspedal.

---

je les ai récupérés ich habe sie abgeholt
Ce n'est pas vrai! Das darf doch nicht wahr sein!
On arrive. Wir kommen.
Qu'est-ce qu'il y a? Was ist los?
cambrioleur Einbrecher

Ein Einbruch

"Heimwerker?", fragte Lukas. "Was tut der da?"
"Nein, nicht Heimwerker. Das wäre 'bricoleur'. Sie hat 'cambrioleur' gesagt. Bei unserer Gastfamilie ist eingebrochen worden."
"Oha. Das fängt ja gut an."
Die Fahrt nach Kerbelnez dauerte etwa eine dreiviertel Stunde. Viel sprachen sie nicht. Es war auch die meiste Zeit zu laut, um sich zu verständigen. Isabelle hatte Jessica und Lukas erlaubt, die Fenster runterzukurbeln, so dass der Wind in ihren Ohren wummerte und ihnen die Haare zerzauste. Das Auto selber machte einen Höllenlärm und zudem hatte Isabelle das Radio angemacht. Lukas vermutete, dass der Auspuff auf der Straße schleifte, aber er wusste nicht, wie er Isabelle das sagen sollte. Also sahen sie aus dem Fenster. Die Landschaft war beinahe so flach wie zu Hause. Überall Felder, hier und da ein kleines Wäldchen, und ein Dorf reihte sich ans andere. Jessica bemerkte eine ungewöhnliche Erntemaschine auf einem Feld. So ein Ungetüm hatte sie zu Hause noch nie gesehen. Ein Trecker mit Anhänger und Fließband. Sie tippte ihrem Bruder auf die Schulter und warf ihm einen fragenden Blick zu. Er kannte sich mit so was aus.
"Blumenkohl!" rief er über den Lärm hinweg.

Ja, das konnte sein. Überhaupt gab es hier viel Gemüse. Felder mit Zwiebeln, Kartoffeln, Kohl, Wurzeln, Porree – hier würden sie sicher gesund essen. Ihre Eltern würden begeistert sein. Allein bei dem Gedanken musste Jessica mit den Augen rollen. Lukas fiel auf, dass alle paar Kilometer ein eigenartiger Betonturm in der Landschaft stand. Was es wohl mit denen auf sich hatte? Er wollte später fragen.

Kerbelnez war ein etwas größerer Ort als die ganzen anderen, die sie auf dem Weg hierher durchfahren hatten. Es gab ein paar Läden, Restaurants, eine Kirche, einen Boule-Platz und eine Apotheke mit einem leuchtenden grünen Pluszeichen über der Tür.
"Voilà la pharmacie où travaille Michelle", sagte Isabelle. Sie kurvte um drei oder vier weitere Straßenecken, und endlich waren sie in der Rue des Coquillages. Sie konnten sofort sehen, wo die Duclos wohnten. Zwei Polizeiautos standen am Straßenrand, eins mit noch blinkendem Blaulicht. Die Polizei schien in zwei Häusern zu sein: in dem, vor dem sie geparkt hatten, und in einem schräg gegenüberstehenden.

Als Jessica und Lukas gerade aussteigen wollten, kam ein Mädchen auf ihr Auto zugerannt und riss die Fahrertür auf. Sie hatte die gleichen Locken wie Isabelle und war wohl etwa so alt wie Jessica.

"Maman, maman, tu as vu **ce qui s'est passé**? Viens, vite!"
"Amandine, **calme-toi**, j'arrive."
Isabelle befreite sich vom Sicherheitsgurt und ließ sich von ihrer Tochter quer über die Straße ziehen. Jessica und Lukas folgten den beiden. Auch sie wollten sehen, was da los war. Die Haustür war eindeutig aufgebrochen worden. Rund ums Türschloss war das Holz völlig zersplittert. Das konnte man schon von weitem erkennen.

Aus dem Haus kamen nun eine Frau mit einem kleinen Jungen und zwei Polizisten. Das musste Michelle Duclos sein. Und ihr Sohn.
"Ah, Jessica, Lukas!", rief die Frau, als sie sie sah, und kam auf sie zu. "**Je suis désolée.** Désolée!"
Sie gab beiden Kindern einen Kuss auf jede Wange.
"Je suis Michelle. Et voici Henri", sie zog den Jungen zu sich heran, der sich aber gleich wieder aus ihrem Arm wand, "mon fils".
Also wirklich ihr Sohn. Er war vielleicht sechs oder sieben Jahre alt, aber keineswegs schüchtern.

---

ce qui s'est passé was passiert ist
calme-toi beruhige dich
Je suis désolée. Es tut mir leid.

“**Tu m’as apporté un cadeau?**” war das Erste, was er Jessica fragte.
“Henri!” schimpfte Michelle.
Ihr war es offensichtlich peinlich, dass ihr Sohn so frech war, aber alle anderen mussten lachen. Jessica hatte wirklich ein Geschenk dabei, aber das war irgendwo ganz unten in ihrer Reisetasche.
“**Vous avez fait un bon voyage?**”, fragte Michelle.
“Oui”, sagte Lukas, “mais c’était **un peu** long.”

Sie gingen zurück zum Auto, um das Gepäck aus dem Kofferraum zu holen. Lukas hatte seinen Rollenkoffer schnell draußen und wollte damit schon über die Straße ziehen, da rief ihn Michelle wieder zurück.
“Attends, Lukas! Notre maison, c’est **celle-ci**.” Sie zeigte auf das Haus, vor dem die Polizeiautos standen. “La maison d’en face est notre **maison de vacances**. **Nous** la **louons pendant** les mois d’été.”

Tu m’as apporté un cadeau? Hast du mir ein Geschenk mitgebracht?
Vous avez fait un bon voyage? Hattet ihr eine gute Reise?
un peu ein wenig
celle-ci dieses hier
maison de vacances Ferienhaus
nous … louons wir vermieten
pendant während

Lukas kehrte um. Dann war also nur in ihr Ferienhaus eingebrochen worden. Das normale Wohnhaus der Duclos war unversehrt. Lukas war beinahe ein bisschen enttäuscht. Sie brachten ihr Gepäck nach oben. Jessica und Lukas sollten sich das Gästezimmer teilen, das direkt neben Henris Kinderzimmer lag. Michelle hatte Henri zwei Handtücher in den Arm gedrückt und ihn mit Jessica und Lukas nach oben geschickt. Henri übernahm gleich das Kommando.

"La rouge pour Jessica", bestimmte er und legte ihr das rote Handtuch aufs Bett. "Et la verte pour Lukas."

"Merci", grinste Jessica verlegen.

Mit dem Kleinen würden sie sicher viel Spaß haben. Er beäugte nun neugierig die Reisetasche und den Rollenkoffer und fragte noch einmal: "Alors, vous m'avez apporté un cadeau?"

"Bien sûr."

Jessica hievte ihre Tasche aufs Bett und begann darin herumzuwühlen.

"Tu as beaucoup de vêtements", bemerkte Henri, als sie ihr ganzes Zeug auf der Decke verteilte.

Die Geschenke hatte sie blöderweise wirklich zuunterst gepackt. Für die Gasteltern das obligatorische Lübecker Marzipan, das alle bekamen, die nicht aus Norddeutschland waren. Michelle Duclos würde sich sicher darauf stürzen und ihrem Mann, der auf Geschäftsreise war, nur einen kleinen Rest übrig lassen.

Jessica gab Henri ein kleines, etwas gequetschtes Paket. Kaum hielt er es in den Händen, da riss er auch schon das bunte Papier herunter.
"**Génial!**", freute er sich und rannte sofort die Treppe runter, um es seiner Mama zu zeigen.
"Was hat er bekommen?" Lukas hatte gar nicht so schnell gucken können, wie Henri aus dem Zimmer geschossen war.
"Ein Lego-Polizeiauto."
"Wie passend!"
Aber das hatten sie ja zu Hause noch nicht ahnen können.

Als sie die Treppe runterkamen, stand der Lego-Karton noch ungeöffnet auf dem Tisch. Die Küche war voll von Leuten, die alle durcheinander redeten: Michelle Duclos, Isabelle, ihre Tochter Amandine, die zwei Polizisten, die mit ihnen hereingekommen waren, und Henri, der über alle hinweg zu hören war. Er beanspruchte die volle Aufmerksamkeit der Polizisten, die mit Michelle sprechen wollten.
"As-tu un **pistolet**?", wollte er gerade von einem der beiden wissen.
Der nickte und zeigte auf seine Gürteltasche.
"Est-ce que je peux le voir?"

Génial! Toll!
pistolet Pistole

"Non, c'est trop dangereux pour toi."
Henri zog kurz einen Schmollmund, aber dann fiel ihm schon die nächste Frage ein.
"**Tu as déjà tiré sur quelqu'un?**"
"Non, **jamais**."
"As-tu aussi des **menottes**?"
"Oui, regarde." Er zeigte wieder auf seinen Gürtel.
"Est-ce que je peux essayer ta casquette?"
Der Polizist nahm seine Mütze ab und wollte sie Henri überstülpen, da fuhr Michelle dazwischen.
"**Ça suffit.** Tous les enfants, **dehors**! Je dois parler avec ces messieurs."
Sie schob alle vier Kinder vor die Tür und sagte ihnen, dass sie zum Abendessen zurück sein sollten. Amandine und Henri sollten den beiden Gästen den Ort zeigen. Bevor seine Mutter die Tür hinter ihnen schließen konnte, drängte Henri sich noch mal an ihr vorbei und rannte nach oben. Eine Minute später war er wieder da und hielt etwas in der Hand.
"Mon **rat**."

Tu as déjà tiré sur quelqu'un? Hast du schon mal auf jemanden geschossen?
jamais noch nie
menottes Handschellen
Ça suffit. Schluss jetzt.
dehors raus
rat Ratte

Die Ratte Pépi

Stolz hielt Henri den anderen seine Ratte unter die Nase.
"**Je vous présente** Pépi."
"Ah, c'est … c'est …" Lukas fiel das Wort nicht ein.
"**Dégoûtant**?", fragte Amandine lachend.
"Mais non!" Die kleinen, schwarzen Knopfaugen und die langen Barthaare hatten es ihm sofort angetan.
"Il est mignon!", rief Jessica.
Genau, das hatte Lukas auch sagen wollen. Wirklich niedlich dieses Tier. Gar nicht so, wie er sich Ratten immer vorgestellt hatte: dreckig, stinkend, aggressiv. Er strich Pépi mit einem Finger über den Rücken. Sie hatte ein seidiges, schwarz-weiß geflecktes Fell und schien die Streicheleinheit zu genießen. Aber dann, zack, verschwand die Ratte in Henris Pulloverärmel.
Amandine rümpfte die Nase.
"Je n'aime pas cette **bête**. **En plus**, sa **queue** est **vraiment** laide."

---

je vous présente ich stelle euch … vor
dégoûtant ekelig
bête Vieh
en plus außerdem
queue Schwanz
vraiment wirklich

"Ce n'est pas vrai", sagte Lukas und wünschte sich insgeheim, zu Hause auch so ein Tier zu haben.
"Tu veux le prendre un peu?", fragte Henri, als die Ratte an seinem Halsausschnitt wieder zum Vorschein kam.
Auf die Frage hatte Lukas nur gewartet. Henri nahm Pépi und setzte sie Lukas auf die Schulter. Sie schnupperte an seinem Ohr, wobei ihre Barthaare an seinem Hals kitzelten. Dann rannte sie seinen Arm hinunter, schlüpfte in seinen Ärmel und lief unter seinem Pullover weiter. Es war ein komisches Gefühl, wie sie über seinen Körper krabbelte, und die kleinen Füßchen kitzelten so sehr, dass er sich vor Lachen kaum halten konnte. Nach ein paar Minuten steckte Pépi ihren Kopf aus Lukas' anderem Ärmel heraus und Henri nahm sein Tier wieder entgegen. Dann zogen sie los.

Kerbelnez war ein schöner kleiner Ort. Sie liefen auf dem sandigen Bürgersteig bis ins Zentrum, vorbei an einem Supermarkt, einem Tabakladen, einem Schuhgeschäft und einem Souvenirladen, der aber geschlossen war.
Vor der Grundschule verkündete Henri: "Ça c'est mon école. **Bientôt** je saurai **tout**."

---

bientôt bald
tout alles

Die Schule war ebenfalls zu, aber das lag natürlich daran, dass gerade Herbstferien waren. Der ganze Ort machte einen verschlafenen, ja beinahe verlassenen Eindruck. Viele der bunten Fensterläden an den weiß getünchten Häusern waren geschlossen, und auf der Straße trafen sie kaum Leute an.

"C'est **presque** vide ici", bemerkte Jessica.

"C'est parce que Kerbelnez est un **village de vacances**", erklärte Amandine. "L'été, tout le monde vient ici et le village est **envahi par les touristes**, mais, le **reste** de l'année, **la plupart** des gens habitent à Paris ou à Lyon ou dans une **autre** grande ville."

Ein Ferienort außerhalb der Saison also. Als sie zur Kirche kamen, nahm Henri seine Ratte von der Schulter und setzte sie auf die Feldsteinmauer.

"Mesdames et Messieurs, **approchez**!", rief er den anderen zu und verbeugte sich wie ein kleiner Zirkusdirektor. "Aujourd'hui, **j'ai le plaisir** de vous présenter le célèbre rat Pépi et son spectacle sur le **mur**!"

---

presque fast
village de vacances Urlaubsort
envahi par les touristes von Touristen überlaufen
reste Rest
la plupart die meisten
autre anderen
approchez kommen Sie näher
j'ai le plaisir freue ich mich
mur Mauer

Henri hielt seinen Finger vor die Nase der Ratte, sie schnupperte daran, Henri hielt seinen Finger höher, die Ratte stellte sich auf ihre Hinterbeine, dann machte Henri eine schwingende Handbewegung, und Pépi fing an auf zwei Beinen die Mauer entlangzulaufen. Als sie das Ende der Mauer erreicht hatte, sprang sie auf allen Vieren zurück zu ihrem Herrchen. Der hatte schon eine alte, verbeulte Bonbondose aus der Hosentasche gezogen, aus der er nun eine Rosine nahm und seiner Ratte zur Belohnung gab.
"**Pas mal**", musste Amandine zugeben, während Lukas und Jessica Beifall klatschten.

Sie gingen weiter, und hinter der Kirche fanden sie endlich ein paar Dorfbewohner. Eine Gruppe alter Männer spielte gerade eine Partie Boule. Jessica hatte das für ein Klischee gehalten, als sie in ihrem Französischbuch darüber gelesen hatte, aber hier waren sie tatsächlich, die Männer, die mit schweren silbernen Kugeln nach dem Holzschweinchen, dem **cochonnet**, warfen. Die Kinder schauten ihnen einen Moment lang zu.
"C'est ce que je ferai moi aussi, **plus tard**", meinte Henri.

---

pas mal nicht schlecht
cochonnet Zielkugel (beim Boule-Spiel)
plus tard später

"Oui, je sais bien", lachte Amandine. "Après ta **carrière d'espion**."
"Tu veux être espion quand tu seras grand?", fragte Jessica.
"Oui. Espion ou policier ou dompteur. Je **ne** sais **pas encore**."
"Je pense que tu as déjà fait un très bon **début** comme dompteur", fand Lukas, der noch immer von dem kleinen Kunststück beeindruckt war.

Die spannenden Viertel von Kerbelnez hatten sie nun wohl alle gesehen. Es gab kein Kino, kein Schwimmbad, anscheinend noch nicht einmal einen Kaugummiautomaten, aber vielleicht könnten sie auch Boule spielen, und dann gab es ja noch den Strand. Da zog Amandine ein kleines, zerknittertes Stück Papier aus ihrer Hosentasche. Einen Fünfeuroschein. Sie schien überrascht zu sein über ihren Fund, aber sie hatte gleich eine tolle Idee.
"Des crêpes pour tout le monde?", fragte sie, und keiner sagte nein.
Die Kinder gingen an den Boule-Spielern, dann an einem Springbrunnen, aus dem zu dieser Jahreszeit kein Wasser sprudelte, und an ein paar welken

carrière d'espion Karriere als Spion
ne … pas encore noch nicht
début Anfang

Blumenbeeten vorbei auf die andere Seite des Platzes. Hier stand eine kleine Crêperie. “Crêpes Nico” stand in blauen Druckbuchstaben auf einem handgemalten Schild über der Eingangstür.
Amandine und Henri schienen Nicolas, den Besitzer, gut zu kennen, denn sobald sie durch die Tür waren, riefen sie: “Salut Nico!”, und ein fröhlich grinsender Mann erschien hinter der Theke.
“Salut, les amis”, sagte er und rührte schon in der Schüssel mit dem Teig. “Qu’est ce-que **je sers** à mes **fidèles** clients?”
“J’ai cinq euros”, sagte Amandine. “Alors, quatre crêpes, s’il te plaît.”
Lukas beobachtete, wie Pépi unter Henris Pullover verschwand.
Henri sah seinen Blick und flüsterte ihm zu: “Nicolas est très gentil, mais il n’aime **pas du tout** mon rat.”
Der Crêpes-Verkäufer hatte die Ratte anscheinend nicht bemerkt. Er füllte eine Kelle Teig auf die heiße Platte und verteilte ihn gleichmäßig mit einem hölzernen Teigrechen.
“Tes amis d’école?”, fragte er Amandine und deutete auf Jessica und Lukas.

---

je sers serviere ich
fidèles treuen
pas du tout überhaupt nicht

“Non, ce sont les enfants de la **correspondante** de la maman d’Henri”, erklärte sie. “Nous faisons **un tour de** Kerbelnez.”
“Très bien, très bien.”
Er drehte die erste Crêpe um und fragte, was für einen Belag sie haben wollten.
“Vous voulez vos crêpes au sucre, au nutella, au citron ou à la confiture?”
“Au sucre pour moi”, sagte Amandine.
“Moi, au nutella”, rief Henri.
“Moi aussi, au nutella, s’il vous plaît”, sagte Lukas.
“Et pour moi, à la confiture”, sagte Jessica.
Es duftete ganz hervorragend, und Lukas war der Erste, der seine schokoladige Crêpe, eingewickelt in Papier, in die Hand gedrückt bekam. Er konnte kaum glauben, wie brav Pépi sich unter Henris Pullover aufhielt, wo es hier doch so leckere Sachen gab, aber als Henri seine Crêpe bekam, konnte er sehen warum. Henri riss kleine Stückchen von seiner Portion ab, und die verschwanden heimlich in seinem Ärmel.
Dann erinnerte sich Henri plötzlich an die Sensation des Tages und rief mit vollem Mund: “**Nous avons été cambriolés.**”
Nicolas sah ihn entsetzt an.

---

correspondante Brieffreundin
un tour de einen Rundgang durch
Nous avons été cambriolés. Bei uns wurde eingebrochen.

Um Haaresbreite

"Cambriolés? Mais … **ce n'est pas possible**! Tu habites où?"

"Rue des Coquillages", sagte Henri wie aus der Pistole geschossen.

"Oh là là, c'est tout près, **hein**?" Nicolas zog scharf die Luft ein. "**J'espère** que le cambrioleur me **laissera tranquille**."

Jessica blickte sich im Laden um. Viel zu holen gab es hier sicher nicht. Der Crêpes-Verkäufer brauchte sich nicht allzu große Sorgen zu machen. Im Sommer mochte die Kasse vielleicht voll sein, aber jetzt lief das Geschäft wahrscheinlich nicht so gut. Sie hatte den Gedanken gerade beendet, da klingelte das Glöckchen über dem Eingang und die Boule-Spieler kamen, nach einer offensichtlich guten Partie, schwatzend herein.

"Salut Nico", riefen sie, und Nicolas begann sofort wieder in seiner Teigschüssel zu rühren.

Er fragte: "Comme toujours?", aber das war eine rein rhetorische Frage, denn er schien gar keine

---

ce n'est pas possible das ist nicht möglich
hein nicht wahr (umgangssprachlich)
j'espère ich hoffe
laissera tranquille in Ruhe lassen wird

ordentliche Antwort von den Männern zu erwarten. Er hörte aufmerksam dem kleinen Henri zu, der ihm alle Einzelheiten über den Einbruch verriet, und machte nebenbei ganz automatisch die gewohnten Crêpes für die Boule-Spieler. Amandine warf zwischendurch ein, was sie noch zusätzlich wusste, und bremste Henri, wenn er anfing, zu sehr zu übertreiben – einen Spürhund hatte die Polizei nicht im Einsatz gehabt, und Michelle Duclos hatte bestimmt keine Diamanten im Ferienhaus aufbewahrt.

"Mais on a volé un **tableau** et un **chandelier en argent**", wusste Amandine.

Während die Kinder erzählten, stieß die dicke Ehefrau eines Boule-Spielers zur Gruppe, und es wurde richtig voll in der kleinen Crêperie. Offenbar hatte Nicolas in diesem verschlafenen Nest doch einige Stammkunden, auch im Herbst.

Die Kinder hatten schon lange aufgegessen und draußen wurde es langsam dämmerig. Amandine sah auf ihre Uhr.

"Il est déjà six heures et quart", rief sie. "**Nous allons être en retard pour le repas.**"

---

tableau Bild
chandelier Kerzenleuchter
en argent aus Silber
Nous allons être en retard pour le repas. Wir werden zu spät zum Essen kommen.

Sie verabschiedeten sich und machten sich auf den Heimweg. Jetzt, wo die Sonne beinahe weg war, wurde es kühl, und Jessica freute sich schon auf ein warmes Abendessen. Pépi hatte sich bei "Crêpes Nico" kein einziges Mal blicken lassen, und Lukas hatte sich schon gefragt, ob sie vielleicht weggelaufen war, aber nun saß sie wieder auf Henris Schulter und hielt Ausschau wie ein Schiffsjunge im Mastkorb.
"Vous voulez jouer au **jeu du loup**?", fragte Amandine. "Comme ça, on sera à la maison plus vite."
"Jeu du loup?" fragte Jessica. "Wolfsspiel?"
"Das ist bestimmt wie Ticker", meinte Lukas, und er hatte recht.
"Je suis le **loup**", rief Henri sofort und rannte auf Jessica zu.
Jessica versuchte, vor seinen klebrigen, mit Nutella beschmierten Händen zu fliehen, aber Henri war schneller, als sie gedacht hatte. Er holte auf, und Jessica lief, ohne nach rechts oder links zu gucken, quer über die Straße.
In dem Moment kam ein Motorrad um die Ecke geknattert. Keiner hatte es kommen hören und alle schrieen panisch durcheinander.

---

jeu du loup Fangen (Spiel)
loup Wolf

“**Fais attention!**”
“Jessica!”
Jessica blieb für den Bruchteil einer Sekunde wie vom Blitz getroffen in der Mitte der Straße stehen und wusste nicht, was das Geschrei sollte. Dann sah sie das Motorrad. Es kam geradewegs auf sie zu. Es würde sie voll erwischen. Nein! Mit einem Sprung rettete sie sich gerade noch auf den Bürgersteig.
Der Motorradfahrer hatte versucht, einen Schlenker um sie herum zu fahren, und war mit seiner Maschine beinahe weggerutscht.
“**Espèce d'idiote!**” rief er Jessica nach. “**Tu es folle, ou quoi?**”

Dann schüttelte er noch mal mit der Faust in der Luft und ließ eine wahre Salve von Schimpfwörtern ab, die weder Jessica noch Lukas kannten; nur Henri bekam rote Ohren. Schließlich gab der Motorradfahrer ordentlich Gas und brauste davon.

Alle hatten einen gehörigen Schrecken bekommen und jetzt, wo alles vorbei war, brach Henri in Tränen aus.
“Henri, ne pleure pas! Il **ne** s'est **rien** passé”, beruhigte

---

Fais attention! Pass auf!
Espèce d'idiote! Blöde Idiotin!
Tu es folle, ou quoi? Bist du verrückt, oder was?
ne … rien nichts

Jessica ihn, obwohl ihr selber auch nach Heulen zumute war.
Das war wirklich blöd von ihr gewesen. Wie konnte sie nur so unachtsam sein? Die Reise, das wars. Sie war bestimmt müde von der langen Reise.
Amandine ging etwas barscher mit Henri um.
"**Essuie** ta **figure**", sagte sie. "Ta maman va te **poser un tas de questions** si tu arrives chez toi comme ça."

---

essuie wisch dir
figure Gesicht
poser un tas de questions einen Haufen Fragen stellen

Hart, aber wahr. Jessica war auch nicht scharf darauf, ihrer Gastmutter von dem Vorfall erzählen zu müssen. Peinlich wäre das!
Henri wischte sich schnell die Tränen mit dem Ärmel ab und grübelte bereits über etwas Anderes nach: "C'était qui?"
"**Aucune idée**", sagte Amandine.
"Il n'y a pas beaucoup de **motos** à Kerbelnez, non?"
"Vous voulez dire que vous connaissez cette **brute**?", wollte Lukas wissen.
In einem Ort dieser Größe kannte bestimmt jeder jeden. Oder zumindest jeden zweiten. Zwar war Jessica wirklich ziemlich unachtsam über die Straße gelaufen, aber der Typ hatte eine unglaubliche Geschwindigkeit draufgehabt, und das mitten in der Wohngegend.
"C'était peut-être le **boulanger**", schlug Henri vor. "Je sais qu'il a une moto."
"C'est vrai, mais il est trop vieux. **À mon avis**, il ne **roule** pas **aussi** vite." Amandine hatte eine andere

---

aucune idée keine Ahnung
motos Motorräder
brute Grobian
boulanger Bäcker
à mon avis meiner Meinung nach
roule fährt
aussi so

Idee: "Je crois **plutôt** que c'était un **ado**. Parfois, ils sont **complètement débiles** ..."
"Ou un **touriste**", fiel Henri ihr ins Wort.
"**Cela m'étonnerait.** Non, les touristes **se comportent mieux**."
Außerdem waren kaum noch Touristen in Kerbelnez.
"Un de mes profs a une moto", wusste Henri.
"Mais non!" Lukas konnte nicht glauben, dass so ein Verkehrsrowdy in der Grundschule unterrichtete. "Ce n'est pas possible! **Toute l'année**, il enseigne à l'école, et pendant les vacances, il **poursuit** ses élèves à moto? Je ne crois pas."
"**Tu as raison**", musste sogar Henri zugeben.
Einen Moment lang gingen sie schweigend die Straße entlang. Eigentlich war es ja egal, wer es war. Es war doch alles noch mal gut gegangen. Außer ...
"C'était le cambrioleur!" rief Jessica plötzlich.
"Tu crois vraiment?"

---

plutôt eher
ado (umgangssprachlich für **adolescent**) Jugendlicher
complètement débiles total bescheuert
touriste Tourist
Cela m'étonnerait. Das würde mich wundern.
se comportent mieux benehmen sich besser
toute l'année das ganze Jahr über
poursuit verfolgt
Tu as raison Du hast recht

Lukas hatte Zweifel. Sie waren noch keine fünf Stunden in Kerbelnez, und schon bezichtigte seine Schwester einen wildfremden Mann des Einbruchs, bloß weil er zu schnell Motorrad fuhr.
"Mais oui! C'est possible." Amandine ließ sich ebenfalls überzeugen.
"Personne ne le connaît et il se comporte **de façon bizarre**."
"Et **en ce moment**, il **cambriole** peut-être **une autre maison**", glaubte Henri.
"Eh oui", sagte Amandine. "Votre maison de vacances n'était pas la première à être cambriolée **non plus**."
Ach ja? Lukas und Jessica horchten auf. Der Einbruch bei den Duclos war also Teil einer Serie? Dann war der Mann auf dem Motorrad vielleicht wirklich der Einbrecher gewesen.

---

de façon bizarre eigenartig
en ce moment jetzt gerade
cambriole ... une autre maison bricht er ... in ein anderes Haus ein
non plus auch nicht

Artischocken

Als sie in die Rue des Coquillages einbogen, war kein Polizeiauto mehr zu sehen und die Tür des Ferienhauses war provisorisch mit Brettern vernagelt. Sie traten in den Flur des Wohnhauses der Familie Duclos und Henris Mutter guckte aus der Küche.
"Vous êtes presque en retard", begrüßte sie die Kinder.
"Non, **juste à l'heure**", stellte Henri fest und stiefelte zur Küche, um zu sehen, was es zum Abendessen gab.
Er hinterließ eine knirschende Sandspur auf den Fliesen.
"Tes chaussures!" rief Michelle ihm hinterher, und er kam zurück.
"Oui, je sais", murmelte er.
Er riss die Klettverschlüsse auf und warf seine Schuhe zu den anderen. Michelle schüttelte nur den Kopf, sagte aber nichts mehr.
"Maman, nous avons vu le cam..." Weiter kam Henri nicht, denn Amandine fuhr ihm ins Wort.
"... ah oui, on a vu des canards, c'est vrai! Mais nous n'avions pas de pain pour les **nourrir**."

---

juste à l'heure gerade rechtzeitig
nourrir füttern

Sie hatten draußen vor der Tür abgemacht, von der ganzen Sache nichts zu erzählen, aber Henri schien das vergessen zu haben oder zu glauben, dass die Abmachung für ihn nicht galt. Er war nicht zu bremsen.
"Et Jessica **a failli se faire écraser** ..."
"Ne raconte pas de **bêtises**", schalt Amandine und, um das Thema zu wechseln, fragte sie lieber schnell noch: "Qu'est-ce que vous mangez ce soir?"
"Des **artichauts en entrée** et du **gratin**."
Amandine schien nicht lange überlegen zu müssen.
"Je peux manger avec vous?"
"Bien sûr", sagte Michelle. "Il y en a **assez** pour tout le monde. Mais **téléphone** à ta maman d'abord."
"Maman travaille."
"**Si** tard?" Jessica war überrascht.
"Oui, cette semaine **elle est de garde** à l'hôpital. Elle est **infirmière**."
Sie wuschen sich alle schnell die Hände und kamen

---

a failli se faire écraser ist beinahe überfahren worden
bêtises Dummheiten
artichauts Artischocken
en entrée als Vorspeise
gratin Auflauf
assez genug
téléphone ruf ... an
si so
elle est de garde hat sie Nachtdienst
infirmière Krankenschwester

dann zurück in die große Küche. Die Duclos hatten einen langen Esstisch, an dem für alle reichlich Platz war.
“Vous pouvez **mettre la table**”, sagte Michelle, als die Kinder etwas unschlüssig herumstanden. “Les fourchettes et les couteaux sont dans le **tiroir à côté** du **frigo** et les assiettes sont dans le placard. Et toi, Henri, tu sais où **se trouvent** les verres, non?”
Sie deckten schnell auf und als sich alle hingesetzt hatten, stellte Michelle eine Schüssel mit fünf faustgroßen, grünen, blättrigen Gemüseteilen und eine Schale mit einer blassen Soße auf den Tisch.
“Bon appétit à **tous**”, sagte sie und nahm sich eines der grünen Ungetüme.
Amandine und Henri nahmen sich ebenfalls je ein Stück, und Jessica und Lukas taten es ihnen gleich. Doch wie man dieses urzeitlich aussehende Gemüse angehen sollte, wussten sie nicht.
“**Euh** ... Ce sont des …?”, fragte Jessica zögernd.
“Ce sont des artichauts. Vous n’en avez jamais mangés?”

---

mettre la table den Tisch decken
tiroir Schublade
à côté neben
frigo (umgangssprachlich für **réfrigérateur**) Kühlschrank
se trouvent hier: stehen
tous alle
euh äh

Jessica und Lukas schüttelten die Köpfe.
"Non, jamais."
Aber den Namen hatten sie schon mal gehört.
"C'est une **spécialité de la région**", erklärte Michelle. "On les **cultive** en Bretagne. Je vais vous **montrer** comment on les mange."
Gut, es gab da also eine Technik. Michelle hielt das grüne, schuppige Gemüse mit einer Hand fest und mit der anderen zupfte sie eines der äußeren Blätter ab. Dann tunkte sie das Blatt in die Soße, zog den unteren Teil mit den Zähnen ab und warf den Rest des abgegessenen Blatts in die leere Schüssel.
"Vous voyez? C'est très facile."

Ja, einfach war es, aber würde es auch schmecken?
"Ah, et la **sauce**", fiel Michelle noch ein, "c'est une **vinaigrette**, c'est-à-dire de l'**huile**, du **vinaigre**, du sel et du poivre."
Lukas fasste sich ein Herz, zupfte mit spitzen Fingern ein Blatt von seiner Artischocke und aß es genau so, wie Michelle es vorgemacht hatte. Es schmeckte nicht nach besonders viel, etwas herb und leicht

---

spécialité de la région regionale Spezialität
cultive pflanzt … an
montrer zeigen
sauce Soße
vinaigrette Salatsoße
huile Öl
vinaigre Essig

bitter, aber irgendwie gar nicht schlecht. Nur viel Essbares war an so einem Blatt nicht dran. Das meiste war Abfall.

"Très bon", lobte Lukas.

Das sollte seine Mama zu Hause auch mal kochen, so ein lustiges Gemüse, das man mit den Fingern aß. Jessica mochte ihre Artischocke nicht so gern, aber sie wollte nicht unhöflich erscheinen und bemühte sich, beim Essen nicht das Gesicht zu verziehen. Sie tauchte jedes Blatt drei- bis viermal in die Soße, um den Geschmack zu übertönen, aber ganz klappte das nicht. In der Mitte der Artischocke waren strohige, haarartige Fasern, die man herauskratzen musste, bevor das Herz, ein etwas größerer Happen, zum Vorschein kam. Das konnte Jessica dann doch nicht herunterzwingen. Lukas kannte diesen Blick seiner Schwester.

"Kannst du mir gerne geben", raunte er ihr zu.

Erleichtert überließ sie ihrem Bruder den Rest. Michelle musste schmunzeln.

"**Plus** d'artichauts pour toi?", fragte sie.

Jessica errötete und sagte: "Non merci."

"J'espère que le prochain **plat te plaira**", sagte Michelle und räumte die abgegessenen Reste der

---

plus keine … mehr
plat Gang
te plaira mögen wirst

Vorspeise ab. Dann öffnete sie den Ofen und holte eine dampfende Schüssel heraus.
“Gratin de **pâtes**”, sagte sie und stellte die Schüssel auf den Tisch.
Es sah hervorragend aus, fand Jessica. Sie würde doch noch satt werden. Bei diesem Gang kam sogar Henris Ratte wieder zum Vorschein. Sie lugte aus seinem Halsausschnitt heraus, schnupperte, wobei ihre Barthaare zitterten, und beobachtete, wie Michelle jedem etwas auffüllte. Henri nahm eine Nudel, pustete, bis sie nur noch lauwarm war, und gab sie Pépi, die die Nudel sofort mit ihren winzigen Vorderpfoten festhielt und genüsslich verspeiste. Michelle hatte nicht gleich gesehen, was Henri da tat, aber nun wurde sie ärgerlich.
“Henri, **combien de fois** est-ce que je t’ai déjà dit que je ne veux pas voir ce rat à table?”
“Mais maman, **il a faim** lui aussi, et il n’aime pas les artichauts, **alors** je lui donne des pâtes.”
Dass Pépi keine Artischocken mochte, war Jessica sehr sympathisch, aber Michelle schien für die Ratte nicht viel übrig zu haben. Zumindest nicht am Esstisch.

pâtes Nudeln
combien de fois wie oft
il a faim sie hat Hunger
alors also

"Henri, tu le mets **par terre** ou **tu sors de table**."
Seufzend setzte Henri sein Tier auf den Fußboden und begann seine Nudeln zu verschlingen. Der Auflauf war köstlich, und lange Zeit sagte keiner mehr etwas außer "**miam**" und "délicieux".
Bis Amandine plötzlich aufschrie: "**Mince alors!** Ton **fichu** rat m'a volé mon **collier de pied**!"
Pépi rannte tatsächlich mit einem silbernen Kettchen im Maul quer durch die ganze Küche. Sie hatte das Schmuckstück wohl abgebissen, bevor Amandine etwas bemerkt hatte. Henri sprang auf und wollte seine Ratte einfangen, aber sie verkroch sich flink unter dem Herd, bevor er sie erwischen konnte. Er rief nach ihr, aber sie kam nicht hervor. Sie schien zu spüren, dass er verärgert war, und sie wollte wohl auch ihre Beute nicht wieder hergeben. Es war das erste Mal, dass Pépi ernsthaft ungezogen war und nicht auf Henri hörte. Amandine wollte gerade ihrem Unmut Luft machen, als das Telefon klingelte. Michelle Duclos verschwand ins Wohnzimmer, und alle hörten deutlich, wie sie "**Allô**" und "**Inspecteur**

---

par terre auf den Boden
tu sors de table du stehst vom Tisch auf
miam mhh, lecker
Mince alors! Verflixt noch mal!
fichu blöde
collier de pied Fußkettchen
allô hallo (am Telefon)

Rochefort?" sagte. Amandine verschob ihre Auseinandersetzung mit Henri und seiner Ratte auf später. Alle lauschten gebannt, ob sie sonst noch etwas verstehen konnten.

"Paris? ... La situation est **grave**? ... Et bien ... **d'accord** ... Oui."

Dann sagte sie nur noch "oui" und "non", und es war fast nichts mehr zu verstehen. Zehn Minuten später kam sie in die Küche zurück.

"C'était un **certain** Inspecteur Rochefort", sagte sie. "À Paris, la **police s'intéresse** beaucoup à cette **série de cambriolages** dans notre village."

Inspecteur Rochefort Inspektor Rochefort
grave ernst
d'accord einverstanden
certain gewisser
police Polizei
s'intéresse (à) interessiert sich (für)
série de cambriolages Einbruchserie

Gestohlen

"**Allez, debout!**", rief Henri und lugte durch den Türspalt des Gästezimmers.
Jessica und Lukas hatten bis eben noch fest geschlafen.
"Quelle heure est-il?", maulte Jessica.
Sie zog ihre Bettdecke über den Kopf und drehte sich zur Wand. Lukas war zwar auch noch müde, aber ein leckerer Frühstücksduft war mit Henri durch die Tür gekommen. Vielleicht war es doch Zeit zum Aufstehen.

Zehn Minuten später saßen sie alle am Küchentisch und aßen Croissants mit Erdbeermarmelade und tranken heiße Milch dazu. Michelle Duclos war schon auf dem Sprung zur Arbeit und ließ die Kinder allein zu Ende frühstücken. Kaum hatte seine Mutter die Haustür hinter sich geschlossen, holte Henri die Ratte aus seinem Zimmer und setzte sie auf den Küchentisch. Pépi fraß alle Krümel von seinem Teller. Es schmeckte ihr offensichtlich sehr gut. Den Teller hätte man hinterher ungewaschen in den Schrank stellen können und jeder hätte ihn für sauber gehalten. Auch das Messer, an dem noch etwas Erd-

---

Allez, debout! Los, aufstehen!

beermarmelade klebte, leckte Pépi blitzblank. Während die Ratte frühstückte, baute Henri mit Jessicas Hilfe endlich sein Lego-Polizeiauto zusammen. Es war gar nicht schwierig, und schon bald sauste es hin und her über den Küchentisch. Henri hatte sich gerade ein neues Kunststück mit Pépi ausgedacht – er wollte sie auf das Auto setzen und fahren lassen –, da kam Amandine hereingestürmt. Sie hatte eine Zeitung in der Hand.

"Bonjour tout le monde", rief sie und setzte sich auf die Bank neben Lukas. "Vous avez lu le journal ce matin?"

"Non, pourquoi?", fragte Jessica und beugte sich neugierig vor.

"Il y a un grand **article** sur la série de cambriolages dans la région. Regardez."

Sie schoben das Frühstücksgeschirr zur Seite und Amandine breitete die Zeitung vor ihren Freunden aus. Der Artikel nahm einen Großteil der Titelseite ein, und weiter hinten, im Lokalteil, war noch ein ausführlicherer Bericht. Es gab sogar Fotos von den letzten vier Häusern, in die eingebrochen worden war, und auch ein paar kleinere Abbildungen von Dingen, die gestohlen worden waren.

"Ça c'est notre maison!" rief Henri freudig und zeig-

---

article Zeitungsartikel

te auf eines der Fotos. "Notre maison dans le journal, **dis donc**!"

"Ecoutez!" Amandine fing an vorzulesen: "'La semaine dernière, quatre maisons de vacances ont été cambriolées à Kerbelnez et **aux alentours**. Ces maisons, vides pendant la **saison hivernale**, étaient faciles **à fracturer**. **Pour l'instant**, la police n'a trouvé **aucune trace**. Le voleur a pris **plusieurs objets de valeur** (voir la liste du **butin** à la **fin** de la page).'"

Die Liste der gestohlenen Gegenstände war mehrere Zeilen lang, und die Kinder staunten nicht schlecht darüber, was die Leute in ihren Ferienhäusern so alles zurückließen: Uhren, Gemälde, eine Bronzeskulptur, silbernes Besteck und vieles mehr. Auch eine Kiste mit Büchern war verschwunden.

"Henri, regarde", Amandine deutete auf eine der Abbildungen. "Ce chandelier, il était dans votre maison de vacances, non?"

---

dis donc na sowas
aux alentours in der Umgebung
saison hivernale Wintersaison
à fracturer aufzubrechen
pour l'instant bisher
aucune keine
trace Spur
plusieurs mehrere
objets de valeur Wertgegenstände
butin Diebesgut
fin Ende

Michelle Duclos hatte den Polizisten anscheinend eine Zeichnung des gestohlenen Kerzenleuchters angefertigt, damit sie besser danach fahnden konnten.
“Oui, c’est vrai”, bestätigte Henri.
Da waren auch noch einige andere Abbildungen, einige gezeichnet, andere als Foto. Ein Miniaturporträt aus einem Medaillon erkannte Amandine sofort.
“Je connais cette **miniature**”, sagte sie.
Die anderen sahen sie verdutzt an.
Amandine erklärte: “Parfois, c’est facile d’entrer dans une maison fermée. Les gens sont **imprudents**. Ils **laissent** une clé sous le **paillasson** ou sous un **pot de fleurs**. Ou ils laissent une fenêtre **entrouverte**.”

“Et toi, tu entres dans ces maisons?”
“Oui.”
“Tu as volé quelque chose?” fragte Henri.
“**Bien sûr que non!**”, rief Amandine empört.
Seltsam, dachte Lukas. Er hätte sich das nie getraut, einfach so in fremde Häuser einzudringen. Auf keinen Fall zu Hause in Deutschland, wo es von alten Omis nur so wimmelte, die stundenlang hinter einer Gardine hervorspähten, jede kleinste Bewegung be-

---

miniature Miniaturbild
imprudents leichtsinnig
laissent lassen
paillasson Fußmatte
pot de fleurs Blumentopf
entrouverte halboffen
Bien sûr que non! Nein, natürlich nicht!

obachteten und gegebenenfalls der Polizei meldeten. Aber hier, wo offenbar zu dieser Jahreszeit halbe Straßenzeilen leer standen, da konnte man schon in Versuchung kommen. Er beneidete Amandine plötzlich um diese großartige Abenteuermöglichkeit.

“Et tu es **sûre** d’avoir vu cette miniature?” fragte er noch einmal.

“Oui. Dans une très belle maison dans l’Allée du Moulin.”

Ja, das konnte stimmen. Laut Artikel war in ein Haus in dieser Straße eingebrochen worden.

“Et qu’est-ce que tu fais dans ces maisons vides?”, wollte Jessica wissen.

---

sûre sicher

"**Je m'imagine** comment ce serait **si j'y habitais**."
Jessica, Lukas und Henri starrten Amandine fassungslos an. Das war ja nun eher ein seltsamer Zeitvertreib.
Jessica brach das Schweigen und las weiter aus dem Artikel vor: "'Le **maire** a dit qu'il **est** vraiment **consterné** par ces **vols** et il **a demandé de l'aide** à la police **parisienne**.'"
"Une **équipe spéciale** de la police de Paris? **Bah!**", rief Amandine. "Nous **n'avons pas besoin** de la police de la **capitale**."
"La police de Paris?", fragte nun auch Henri und stellte fest: "Mais elle ne connait pas Kerbelnez."

Henri hatte recht. Das sahen auch Jessica und Lukas ein. Wie konnte ein Pariser Polizist hier ordentlich ermitteln, wenn er die Gegend gar nicht kannte? Und so ein Fremder im Ort würde doch sofort auffallen, wenn er auf einmal Tag und Nacht die Straßen

---

je m'imagine ich stelle mir vor
si j'y habitais wenn ich dort wohnen würde
maire Bürgermeister
est … consterné ist … bestürzt
vols Diebstähle
a demandé de l'aide hat um Hilfe gebeten
parisienne Pariser
équipe spéciale Spezialeinheit
Bah! Ach was!
n'avons pas besoin brauchen nicht
capitale Hauptstadt

patrouillieren würde. Viel besser wären einheimische Ermittler. Nicht die Polizei. Und schon gar kein Polizist aus Paris. Es gab eine viel bessere Lösung.

"Nous pouvons chercher le cambrioleur **nous-mêmes**", sprach Jessica aus, was alle dachten. "Qu'est-ce que vous en pensez?"

"**Ouais!**"

"C'est génial!"

Amandine und Lukas waren sich einig, und Henri war auch gleich Feuer und Flamme.

"Quand est-ce qu'on commence?" fragte er und hatte schon eine Idee. "Je prendrai un grand couteau de la cuisine."

"Henri, s'il te plaît, laisse les couteaux où ils sont!"

Amandine hatte keine Lust, Michelle Duclos irgendwelche versehentlich abgesäbelten Finger erklären zu müssen.

Währenddessen hatte keiner auf Pépi geachtet. Sie kletterte plötzlich das Tischbein hoch – und trug etwas im Maul. Die Kinder sahen zu, wie sie auf das Legoauto zutrippelte, das Teil hineinlegte und den Wagen über den Tisch schob. Zu Amandine.

"Ah voilà, mon collier de pied!"

Zumindest ein verschwundenes Schmuckstück war wieder da.

---

nous-mêmes wir selbst
Ouais! Ja! (umgangssprachlich)

Mutprobe

Die vier Freunde ließen alles stehen und liegen und gingen aus dem Haus. Sie wollten sofort mit ihren Ermittlungen anfangen. Es war ein grauer Morgen. Am Himmel hing eine dichte Wolkendecke, und es war etwas kühler geworden. Einen Moment lang standen sie unschlüssig im Vorgarten.
“Qu'est-ce qu'on fait **maintenant**?”, fragte Henri. “Comment fait-on une **enquête**?”
Ja, wie packte man so eine Polizeiuntersuchung an?
“Elle fait quoi la police?”
“D'abord, elle prend les **empreintes digitales**”, sagte Amandine.
“Quoi?” fragte Lukas.
Das hörte sich hoch technisch an. Aber dann zeigte Amandine auf ihre Fingerkuppen, und ihm war klar, was gemeint war. Kein bisschen technisch also. Doch die Polizei hatte bestimmt schon überall Fingerabdrücke genommen, falls welche hinterlassen worden waren.

---

maintenant jetzt
enquête Ermittlung
empreintes digitales Fingerabdrücke

“Bien, je **propose** d’aller **examiner** le **lieu du crime**”, sagte Jessica.
“D’accord.”
“**Allons-y.**”

Die Kinder machten sich auf den Weg. Sie gingen quer über die Straße und schlängelten sich den mit flachen Feldsteinen gepflasterten Pfad entlang durch einen etwas verwilderten Garten. Jessica gefiel dieses Haus viel besser als das modernere Wohnhaus der Familie Duclos. Es war alt und klein, und Efeu rankte ungebändigt an den weiß getünchten Wänden hoch bis aufs Dach. Die blaue Holztür, die gestern noch zersplittert im Rahmen gehangen hatte, lag nun neben dem Eingang, und die Türöffnung war mit Brettern vernagelt. Sie gingen um das Haus herum und spähten durch alle Fensterscheiben. In den Zimmern sah es aus wie nach einem Wirbelsturm. Die Schubladen waren aufgerissen, die Schranktüren standen offen, sogar die Matratzen der Betten waren auf der Suche nach irgendwelchen verborgenen Schätzen umgedreht und zu Boden geworfen worden.
“Quel **bazar**!”, staunte Henri.

---

propose schlage vor
examiner untersuchen
lieu du crime Tatort
Allons-y. Lasst uns gehen.
bazar Unordnung

Das übertraf selbst sein Kinderzimmer. Aber was gab es außer dem Chaos hier noch zu entdecken?
“Nous trouverons peut-être quelque chose que la police n’a pas vue”, sagte Amandine.
“Il y a beaucoup de sable par terre”, stellte Lukas fest, als er durch das Küchenfenster sah.
“Tu as raison. C’est peut-être du sable **provenant** des chaussures du cambrioleur”, schlug Amandine vor.
“C’est possible. Mais n’oublie pas, qu’après eux, c’est la police et Michelle qui **sont entrées** dans la maison”, gab Jessica zu bedenken. “Le sable vient peut-être de leurs **semelles** à eux.”
Das konnte auch sein. Ein Tischler hatte außerdem die Tür provisorisch zugenagelt. Vielleicht war der auch mit dreckigen Schuhen durchs Haus gestiefelt. Oder vielleicht war am Ende der Fußboden bereits vor dem Einbruch nicht wirklich sauber gewesen.
Aber Lukas bemerkte noch etwas: “Il y a **différentes sortes de sable**. Et le sable **là-dedans** n’est pas **le même** qu’on trouve dans les rues, c’est du sable de la plage.”
Er hatte recht. Der Boden um das Haus herum sah

provenant von
sont entrées sind hineingegangen
semelles Sohlen
différentes sortes de sable verschiedene Sandsorten
là-dedans da drinnen
le même derselbe

anders aus. Dunkler. Der Sand im Haus war dagegen hell und fein.

“**Donc**, le cambrioleur est venu de la plage”, fasste Lukas zusammen. “La plage est **à quelle distance d’ici**?”

“Ce n’est pas **loin** du tout”, sagte Henri. “Une minute à pied.”

“Trois ou quatre minutes”, korrigierte Amandine.

“On va voir?” fragte Jessica.

“Oui, venez!” nickte Amandine.

Der Strand war wirklich sehr nah: Die Rue des Coquillages machte eine Kurve, und schon konnten die Kinder ihn sehen. Das Meer war jedoch weit draußen und hatte eine mit Felsen gespickte Wattlandschaft hinterlassen. Am Strand waren viele Leute, so viele hatten Lukas und Jessica im ganzen Ort noch nicht gesehen. Die meisten trugen Gummistiefel und hatten Körbe und Eimer und kleine Werkzeuge dabei. Jessica und Lukas näherten sich und sahen, dass die Leute dabei waren, etwas von den Felsen abzuhebeln oder im nassen Sand zu graben.

“Qu’est-ce qu’ils font?” wollte Lukas wissen.

---

donc folglich
à quelle distance d’ici wie weit von hier entfernt
loin weit

"Ils ramassent des huîtres et d'autres sortes de coquillages", erklärte Amandine.

"Des huîtres?", fragte Jessica.

"Venez! Je vais vous montrer", sagte Amandine und ging den anderen voran zu einem Felsen.

Er war übersät mit grauen, unförmigen Muscheln.

"C'est **cher** les huîtres, **n'est-ce pas**?", fragte Jessica.

"Oui, si tu les achètes dans un magasin ou si tu les manges dans un restaurant", lachte Amandine. "Mais ici, elles sont gratuites. Vous voulez les goûter?"

Jessica sah sie zweifelnd an, aber Lukas war sofort dafür. Wann hatte man schon mal die Möglichkeit, so etwas zu probieren? Amandine hatte ein Taschenmesser dabei und fing an, mit der kurzen Klinge ein paar Austern vom Felsen abzuhebeln. Sie saßen ganz schön fest, und es sah so aus, als ob gleich die Klinge ihres Messers abbrechen würde, aber sie war geübt, wie vermutlich alle, die hier an der Küste lebten. Pépi, die bislang ruhig auf Henris Schulter gesessen hatte, stellte sich auf ihre Hinterbeine und fing an, hin und her zu tanzen.

"Elle aime les huîtres", erklärte Henri.

Amandine setzte ihr Messer an das Scharnier einer Auster an, und zack, schon hatte sie sie geöffnet. Mit

---

cher teuer

n'est-ce pas nicht wahr

zwei weiteren routinierten Schnitten löste sie das Fleisch von der Schale und hielt es Lukas hin. Einen Augenblick lang zögerte er. Besonders appetitlich sah das ja nicht aus. Aber grauslicher als der Regenwurm, den er neulich auf dem Schulhof vor seinen Freunden essen musste, weil er eine Wette verloren hatte, konnte so eine Auster auch nicht sein. Immerhin zahlten die Leute viel Geld dafür, diese Dinger in Restaurants essen zu dürfen. Also Augen zu und durch. Er schlürfte das Muschelfleisch aus der Schale und war ganz überrascht. Es schmeckte kein bisschen wie der knirschende Regenwurm.

"Oh, c'est bon! Elles sont fraîches et **salées** comme la mer."

Die nächste Auster öffnete Amandine für Jessica. Die sah mit gerümpfter Nase zu und war sich sicher, dass sie so etwas nicht essen wollte. Ein lebendes Tier, nein danke.

"**Je parie** que tu vas manger cette huître", sagte Amandine und hielt ihr die Auster hin.

Jessica wich zurück.

"Cinq euros si tu la manges", rief Lukas.

"Cinq euros?"

Das hörte sich nach schnell verdientem Geld an. Sie nahm die Auster und schlürfte sie aus. Lukas konnte

---

salées salzig
je parie ich wette

es kaum glauben. Aber dann spuckte Jessica den weißlichen Glibber wieder aus. Bah, pfui Teufel!
"**On dirait de la morve**", rief sie und wischte sich mit dem Ärmel über den Mund.
Die anderen lachten und Henri hob die ausgespuckte Auster aus dem Sand auf, spülte sie in einem Wasserloch ab und hielt sie Pépi hin. Die stürzte sich darauf und schmatzte zufrieden an ihrem Mahl. Lukas wollte nun auch einmal versuchen, selbst eine Auster zu öffnen. Amandine gab ihm ihr Messer.
"Mais fais attention", sagte sie.
Lukas setzte die Spitze der Klinge an der Auster so an, wie er es bei Amandine gesehen hatte, und versuchte hineinzubohren. Es war nicht so leicht, wie es ausgesehen hatte. Die Auster hielt ihre Schale fest zugekniffen. Er bohrte etwas kräftiger, aber dann rutschte das Messer ab.
"Au, verdammt!" jaulte er. "Meine Hand!"
Er ließ Messer und Auster fallen.
"**Fais voir** si l'on peut voir l'os", sagte Henri aufgeregt.

---

on dirait de la morve das ist wie Rotz essen
fais voir lass mal sehen

Jessica macht eine Entdeckung

Blut tropfte in den Sand, und die Wunde brannte höllisch von dem Salzwasser, das noch an der Klinge gewesen war.
"Je t'avais bien dit de faire attention", warf Amandine Lukas vor.
Henri war nun doch etwas betroffen über das ganze Blut.
"**Tu as besoin** d'un **sparadrap**", sagte er.
"Ce ne sera pas **suffisant**", meinte Jessica. "**Il vaut mieux** aller à la pharmacie."

"Eh oui!", rief Henri. "Maman va t'aider!"

Sie liefen los. Es war nicht weit zur Apotheke und Amandine kannte eine Abkürzung, einen Trampelpfad, der zwischen den Wohnhäusern hindurch führte. Auch hier standen viele leere Ferienhäuser.

Jessica dachte kurz zurück an den Strand. War da irgendetwas Auffälliges gewesen? Bei der ganzen Austernkratzerei hatten sie ihr eigentliches Vorhaben

---

tu as besoin du brauchst
sparadrap Pflaster
suffisant ausreichend
il vaut mieux es ist besser

aus den Augen verloren. Nein, sie hatte nichts Verdächtiges am Strand bemerkt. Aber es wäre für einen Einbrecher ein Leichtes gewesen, sich unter die Austernsucher zu mischen und vom Strand her in die Häuser einzudringen. Sie blickte in die Gärten, an denen sie vorbeikamen. Die meisten wurden offensichtlich schon seit längerem nicht mehr gepflegt. Jessica verlangsamte den Schritt und blieb etwas hinter den anderen zurück. Solche geheimnisvollen Gärten fand sie toll und am liebsten wäre sie hineingegangen. Zum Beispiel in den mit den großen Kastanienbäumen, oder in den da vorne, wo noch ein paar späte Rosen blühten. Sie wollte gerade den Schritt wieder beschleunigen, um die anderen einzuholen, als etwas ihre Aufmerksamkeit erregte: In dem Garten mit den Rosen stand ein Mann. Ein Mann in einem grünen Overall und mit einer dunklen Wollmütze auf dem Kopf. "Der will bestimmt nur Laub harken oder so", dachte Jessica und wollte schon weitergehen, aber dann wurde sie stutzig. Das Haus war genauso verlassen wie alle anderen Ferienhäuser an der Straße. Die Fensterläden waren geschlossen, kein Auto stand in der Einfahrt und auch kein Fahrrad. Die Gartenmöbel waren unter dem Vordach aufgestapelt, und an der Wäscheleine hingen keine Klammern. Der Mann hatte ihr den Rücken zugewandt und war dabei, die oberen Kanten der Fensterrahmen abzutasten. Jessica war sich plötzlich ganz sicher: Das war der Einbrecher. Sie wollte ihre Freunde rufen, aber die waren schon außer Sichtweite. Dann wollte sie nach dem Mann rufen, aber der verschwand gerade hinter dem Haus. Ihm nachzugehen traute Jessica sich nicht. Plötzlich bekam sie Angst. Was, wenn er ihr etwas tun würde, wenn er bemerkte, dass sie ihn beobachtet hatte? Sie rannte davon, so schnell sie konnte, in die Richtung, in der die anderen verschwunden waren. Sie erreichte eine T-Kreuzung und wusste einen Moment lang nicht, wohin sie gehen sollte. Aber dann sah sie ein paar Blutstropfen auf dem Gehweg. Ihr Bruder und die anderen mussten also links abgebogen sein. Sie verfolgte die Spur, und bald darauf erreichte sie die Apotheke.

Die anderen standen schon am Tresen, und Michelle Duclos war dabei, Lukas' Hand zu behandeln.
"**Ça fait mal?**", fragte sie gerade, als Jessica hereinkam.
"**Ça va**", sagte Lukas und biss die Zähne zusammen.
Jessica hätte den anderen am liebsten sofort von ihren Beobachtungen erzählt, aber sie hielt sich zurück. Das musste warten, bis Michelle Lukas die Hand verbunden hatte und sie wieder draußen waren. Es schien

---

Ça fait mal? Tut das weh?
ça va es geht

eine Ewigkeit zu dauern, und dann fingen Amandine und Henri auch noch an, bei den Kräuterbonbons zu gucken.
"Voilà ton **pansement**", sagte Michelle schließlich. "Mais **la prochaine fois** ..."

---

pansement Verband
la prochaine fois das nächste Mal

"Oui, je sais, la prochaine fois je serai **plus prudent**, **promis**", nickte Lukas. "Merci beaucoup."
"**On y va?**", drängelte Jessica.
Sie gingen zur Tür, nur Henri hielt es noch am Tresen zurück. Er schielte in Richtung Bonbonglas und sah seine Mutter bettelnd an.
"Bon, d'accord!", sagte sie. "Mais **seulement** un **sachet** pour tous."
Henri griff in das Bonbonglas und folgte den anderen aus der Tür.
"**Soyez à l'heure pour le repas!**", rief seine Mutter ihnen noch nach.

Als sie endlich wieder allein waren, platzte Jessica mit ihrem Erlebnis heraus. Die anderen mochten kaum glauben, was sie verpasst hatten, und waren beinahe ärgerlich, dass Jessica sie nicht zurückgerufen hatte.
"Et pourquoi **tu ne l'as pas suivi**? Pourquoi est-ce que tu ne lui as pas demandé ce qu'il faisait là?", warf ihr Bruder ihr vor.

---

plus prudent vorsichtiger
promis versprochen
On y va? Los, gehen wir?
seulement nur
sachet Tüte
Soyez à l'heure pour le repas! Seid pünktlich zum Essen zurück!
tu ne l'as pas suivi bist du ihm nicht gefolgt

“J’avais **peur**”, antwortete sie.
Jetzt, wo sie nicht mehr allein war, hörte sich das albern an. Angst wovor? Die andern schauten sie verständnislos an.
“**Il faut y retourner tout de suite**”, bestimmte Amandine. “**Comme ça**, nous pouvons le **prendre sur le fait**.”
Sie liefen los. Wieder an der Kirche und an den Boule-Spielern vorbei. Jessica hörte, wie die Kugeln mit dumpfem ‚klack‘ aneinanderstießen. Einer der Männer lüpfte seinen Hut zum Gruß. Heute spielten nur drei Männer.
“Wo sind die anderen?”, fragte sich Lukas. Für einen Moment stellte er sich vor, zwei einbrechende Boule-Spieler in Jessicas Garten zu überraschen, die mit schweren Boule-Kugeln nach ihnen werfen würden. Doch dann rief er sich zur Vernunft.
Nicolas, der Crêpe-Verkäufer, schloss auf der anderen Seite des Platzes gerade seinen Laden auf. Er hatte eine Plastiktüte in der Hand und kam offensichtlich gerade vom Einkaufen.
“Salut Nico!”, rief Henri ihm zu, als sie vorbeigingen.

---

peur Angst
il faut y retourner tout de suite wir müssen sofort dahin zurückgehen
comme ça auf diese Weise
prendre sur le fait auf frischer Tat ertappen

Der Crêpe-Verkäufer wirbelte herum.
“Ah, c’est vous”, rief er zurück. “Bonjour!”
“**Tu as fait les courses?**”, fragte Henri.
“Oui, j’ai acheté de la farine, du sucre, des œufs, de la confiture et du beurre”, erklärte Nicolas und schwenkte seine Tüte.
Amandine zog Henri am Ärmel.
“Viens”, zischte sie. “Tu veux **attraper** le cambrioleur ou **faire la conversation**?”
Sie liefen weiter, folgten den inzwischen getrockneten Blutstropfen von Lukas bis zur Rue des Roches, wo Jessica den verdächtigen Mann beobachtet hatte.
“**Baissez-vous**”, raunte Jessica, als sie sich dem Haus näherten.

Sie hockten sich hinter die Hecke und krochen langsam vor bis zur Einfahrt. Jessica guckte vorsichtig um die Ecke. Am Haus war keine Veränderung zu erkennen. Die Fensterläden waren nach wie vor geschlossen, die Tür schien unversehrt.
“Je ne peux rien voir”, flüsterte sie den anderen über die Schulter zu.
“**Laisse-moi passer**”, flüsterte Amandine zurück und nahm Jessicas Platz ein.

Tu as fait les courses? Hast du eingekauft?
attraper fangen
faire la conversation plaudern
baissez-vous duckt euch
laisse-moi passer lass mich mal vorbei

Aber auch sie konnte nichts Verdächtiges erkennen. Sie warteten ein paar Minuten, es tat sich jedoch nichts. Henri wurde langsam ungeduldig. Auch Pépi kroch aus dem Ärmel und wunderte sich, warum nichts passierte. Neugierig kletterte sie auf Henris Kopf und reckte den Hals.

"Tu as un bonbon pour **faire passer le temps**?", fragte Lukas.

"Oui, bien sûr!", rief Henri und kramte in seiner Tasche.

"**Chut!**" fauchte Amandine. "**Tais-toi!**"

Henri wurde rot und verteilte schweigend seine Süßigkeiten er aus der Apotheke.

"**Au citron**", flüsterte er Jessica kaum hörbar zu.

Sie war froh über den zuckerig-sauren Geschmack, der sich auf ihrer Zunge ausbreitete und den Nachgeschmack der Auster aus ihrem Mund vertrieb. Pépi saß auf Henris Kopf wie auf einem Ausguck und knabberte genüsslich an einem Bonbon. Doch plötzlich schoss sie mit einem ängstlichen Quieken von ihrem Posten herunter und versteckte sich in Henris Pullover. Alle hörten ein klapperndes Geräusch, das eindeutig aus dem leerstehenden Haus kam.

---

faire passer le temps die Zeit zu vertreiben
Chut! Pst!
Tais-toi! Sei still!
au citron mit Zitronengeschmack

Madame Meunier weiß alles

Sie spähten über die Hecke. Stille. Nichts rührte sich. Nur ein paar vertrocknete Blätter an den Bäumen raschelten im Wind. Und doch hatten sie alle das Geräusch gehört. Irgendetwas musste da sein. Oder irgendwer. Wie lange sollten sie warten? Drei Minuten? Fünf? Zehn? Nein, so lange hielten sie es nicht aus. Als nichts geschah, schlichen sie gemeinsam zum Haus. Sie gingen noch einmal darum herum und prüften die Fensterläden. Alle waren fest verriegelt.

Henri rüttelte an einem Fensterladen und stellte fest: "Tout est fermé."

"Henri!", schnaubte Amandine. "**Imbécile!** Tu fais toujours du **bruit**. Tu crois peut-être que le cambrioleur est **sourd**?"

"Chut!", unterbrach Lukas die beiden.

Er hatte wieder etwas gehört. Ganz leise. Tap, tap, tap. Sie lauschten angespannt. Ja, da war wirklich ein Geräusch. Wie wenn jemand auf leisen Sohlen durchs Haus schleichen würde. Was sollten sie nur tun? Die Polizei rufen? Sogar Pépi hatte Angst. Jessica konnte sehen, wie sie unter Henris Pullover zitterte. Lukas

---

Imbécile! Blödmann!
bruit Krach
sourd taub

versuchte, durch die Holzlamellen der Fensterläden zu spähen, aber er konnte nichts erkennen. Drinnen war es dunkel. Dann ertönte wieder das Geklapper von vorhin. Lukas fuhr zusammen. Jetzt würden sie den Einbrecher gleich sehen. Sie hasteten nach vorn und lugten vorsichtig um die Ecke. Da war niemand. Nur eine Katzenklappe in der Tür schwang leicht vor und zurück.
"**Zut alors!** Ce **n**'était **qu**'un chat", rief Amandine.
"**Comment est-ce qu'on peut être si bête!**", regte Lukas sich auf.
Sie waren enttäuscht. Aber die Katze erklärte zumindest, warum Pépi solche Angst gehabt hatte. Ein Einbrecher hätte sie vermutlich völlig kalt gelassen.

Niedergeschlagen machten sie sich auf den Heimweg.
"**Heureusement** que nous n'avons pas **appelé** la police", sagte Lukas.
"**La honte!**", sagte Henri.

Zut alors! Verflixt!
ne … que nur
Comment est-ce qu'on peut être si bête! Wie kann man nur so blöd sein!
heureusement zum Glück
appelé angerufen
La honte! Wie peinlich!

"**J'avais des doutes dès le début**", meinte Amandine nun.
"Pourquoi?", fragte Jessica.
"Parce que le cambrioleur est toujours venu **la nuit**. Aucune maison n'a jamais été cambriolée **pendant la journée**."
Das mochte stimmen. Aber etwas beleidigt war Jessica nach dieser Bemerkung schon. Sie hatte doch den Mann beobachtet. Er hatte sich wirklich verdächtig benommen, fand sie. Andererseits, vielleicht war das Haus doch bewohnt, auch in der trüben Jahreszeit. Immerhin ging offenbar eine Katze ein und aus.

Als sie endlich wieder zu Hause ankamen, war Michelle schon von der Arbeit zurück. Sie war nicht besonders froh, dass die Kinder am Morgen einfach alles stehen und liegen gelassen hatten.
"Vous auriez **au moins** pu mettre vos assiettes dans le **lave-vaisselle**", sagte sie.
Die Kinder halfen schnell beim Abräumen, und Henri brachte Amandines Zeitung in Sicherheit. Den

---

j'avais des doutes dès le début ich hatte von Anfang an so meine Zweifel
la nuit nachts
pendant la journée tagsüber
au moins wenigstens
lave-vaisselle Spülmaschine

Artikel mit ihrem Haus und den gestohlenen Gegenständen wollte er nicht wegwerfen.

Michelle hatte gerade belegte Baguettes für alle zum Mittagessen auf den Tisch gestellt, als es an der Haustür klingelte. Henri erhob sich, machte auf und kam mit einer älteren Dame zurück in die Küche.
“Madame Meunier”, stellte er sie Lukas und Jessica vor und verdrehte dabei die Augen.
Dann setzte er sich wieder an seinen Platz neben Jessica und war sichtlich genervt, dass diese Frau sie beim Mittagessen störte.
Madame Meunier wusste in Kerbelnez immer alles früher und besser als alle anderen und marschierte dann gern von Haus zu Haus, um ihr Wissen zu verbreiten. Meistens ging es um bevorstehende Hochzeiten und Liebesdramen oder kleinere und größere Katastrophen, wie Jugendliche, die betrunken auf das Dach der Bushaltestelle geklettert waren.
“Tu veux un café?”, fragte Michelle und drückte schon auf den Schalter am Wasserkocher.
Sie mochte die Frau zwar auch nicht besonders, aber brühwarmem Tratsch konnte sie nicht widerstehen.
“Oui, merci, **volontiers**.”
“Alors, **quoi de neuf** à Kerbelnez?” fragte Michelle.

---

volontiers gern
quoi de neuf was gibt es Neues

Madame Meunier setzte sich schnaufend an den Küchentisch. Sie hatte den Weg hierher offenbar schneller zurückgelegt, als es ihrem Alter und ihrer Figur zuträglich war.
Henri riss Riesenbisse aus seinem Baguette und erntete dafür einen missbilligenden Blick von Madame Meunier, aber das war ihm egal. Er wollte so schnell wie möglich mit dem Essen fertig sein, um sich danach verdrücken zu können. Am liebsten hätte er den anderen empfohlen, es ihm gleichzutun, aber das traute er sich vor der alten Krähe nicht.
"On **n'**a **pas encore arrêté** le cambrioleur?", fragte Michelle über das gurgelnde Geräusch des Wasserkochers hinweg.

Es war klar zu erkennen, dass die Alte etwas zu erzählen hatte. Sie hatte ihr Wichtig-Gesicht aufgesetzt und ihre Wangen glühten vor Eifer, als sie verneinend den Kopf schüttelte.
"**Tu ne vas pas le croire**, mais ...", sagte sie. So fing sie immer an. "**Il y a une heure**, je suis allée chez les Bernard pour nourrir leur chat ... tu sais, ils sont en vacances ... ah, oui, les belles vacances aux **Maldives** ... Et qu'est-ce que j'ai trouvé?"

---

ne ... pas encore arrêté noch nicht festgenommen
tu ne vas pas le croire du wirst es nicht glauben
il y a une heure vor einer Stunde
Maldives Malediven

Madame Meunier griff nach ihrem Kaffee. Henri machte ein Schnarchgeräusch und Jessica kicherte. Bestimmt hatte die Katze aufs Sofa gemacht oder so.
"Je suis entrée dans la maison, et tout était **en désordre**. On a cambriolé les Bernard! **Exactement** comme chez vous."
Henri richtete sich kerzengerade auf. Auch den andern blieb der Mund offen stehen.
"On a volé quelque chose de valeur?", wollte er wissen.
"Oui." Sie sah triumphierend in die Runde und genoss die ungeteilte Aufmerksamkeit.
"Quand je suis arrivée, le **coffre-fort** était vide. J'ai tout de suite téléphoné aux Bernard et ils m'ont dit qu'ils **avaient gardé** de l'argent et un pistolet dans leur coffre-fort."
"Un pistolet?"
Michelle war besorgt. Lief jetzt jemand mit einer Waffe durch Kerbelnez? Sollten die Kinder vielleicht lieber die nächsten Tage zu Hause bleiben? Amandine erkannte sofort, was Henris Mutter durch den Kopf ging, und versuchte die Situation zu entschärfen.

---

en désordre drunter und drüber
exactement genau
coffre-fort Geldschrank
avaient gardé hatten … aufbewahrt

“Le cambrioleur va **sûrement essayer** de vendre le pistolet sur eBay”, sagte sie.
“Tu penses vraiment?” Michelle war nicht wirklich überzeugt.
“Mais bien sûr”, rief Lukas. “Je suis **convaincu** qu’il **essayera vite de s’en débarrasser**.”
Nun meldete sich Jessica zu Wort: “Où est-ce qu’il **a eu lieu** le cambriolage?”
Madame Meunier antwortete prompt: “C’était dans la Rue des Roches. Au **numéro** 18.” Die vier Freunde sahen einander an und dachten alle dasselbe: Aha. Jessica hatte doch recht gehabt.

---

sûrement sicherlich
essayer versuchen
convaincu überzeugt
essayera vite s’en débarrasser wird rasch versuchen, sie loszuwerden
a eu lieu hat stattgefunden
numéro Nummer

Spuren im Sand

Henri sprang auf und stopfte den letzten Bissen Baguette in sich hinein.
"On doit y aller", sagte er mit vollem Mund.
"Où ça, dans la Rue des Roches? **Ah, non, fiston**! **Jamais de la vie!**"
"Mais maman, s'il te plaît", bettelte er.
Sie schüttelte energisch den Kopf. Da schaltete sich Madame Meunier wieder ein.
"La police est **sur place**", sagte sie. "On peut y aller **sans risque**."
Henri atmete auf. Madame Meunier war innerhalb weniger Minuten in seiner Gunst von ganz unten nach ganz oben aufgestiegen. Nun konnte seine Mutter nicht mehr nein sagen. Die Kinder stoben davon.
"Mais soyez prudents", rief Michelle ihnen hinterher, als die Tür ins Schloss fiel. "Il y a quelqu'un qui **se promène** avec un pistolet dans les rues de Kerbelnez."

Ah, non, fiston! Oh nein, mein Sohn!
Jamais de la vie! Nie und nimmer!
sur place vor Ort
sans risque unbedenklich
se promène herumspaziert

Zehn Minuten später standen sie zum zweiten Mal vor dem Haus in der Rue des Roches. Die Polizei war bereits wieder fort. Der Garten mit den schönen Rosen hatte unter dem Polizeieinsatz etwas gelitten. Auf dem Rasen waren Autoreifenspuren, und überall sah man Schuhabdrücke. Die Hecke, hinter der sie sich versteckt hatten, war an mehreren Stellen umgebogen worden – wahrscheinlich auf der Suche nach Hinweisen auf den Täter.
"Comment voulez-vous trouver des traces ici?", fragte Lukas. "La police **a piétiné le jardin comme un troupeau de buffles**."
Er bezweifelte, dass sie hier noch etwas Brauchbares finden würden. Andererseits, bei den vielen Schuhabdrücken konnte man auch ihre Kinderfußstapfen nicht mehr identifizieren. Und das war vielleicht ganz gut so. Das Haus stand unversehrt und sah gleich aus wie am Vormittag – außer den Plastikstreifen, die die Polizei beim Versiegeln an die Tür geklebt hat.
"**Une chose est certaine**: le cambrioleur a utilisé une clé pour entrer dans la maison", stellte Amandine fest.
An Türen und Fenstern waren keine Einbruchspuren zu finden.

---

a piétiné le jardin comme un troupeau de buffles ist durch den Garten getrampelt wie eine Büffelherde
une chose est certaine eine Sache ist sicher

"Mais oui!", rief Jessica. "Tu as raison! C'est ce qu'il faisait quand je l'**ai observé**: il cherchait la clé." Deshalb hatte er die Oberkanten der Fensterrahmen abgetastet. Und er war offenbar fündig geworden. Dann hatte er das Haus ausgeräumt, als sie in der Apotheke waren. In einer knappen halben Stunde. Madame Meunier musste kurz nach ihnen vorbeigekommen sein, um die Katze zu füttern. Dann war die Polizei gekommen, und nun waren sie wieder da. Fliegender Wechsel bei Haus Nummer 18.

"Venez voir!", rief Lukas. "Regardez ce que j'ai trouvé!"
Er stand an der Hecke und zeigte auf große, flache Schuhabdrücke.
"Ces **empreintes de chaussures** sont **différentes** de celles des **policiers**", stellte Jessica fest.
"Exactement", nickte Lukas.
Und neben den Schuhabdrücken fanden sie außerdem eine einzelne breite Reifenspur.
"Le **motard**", sagte Lukas. "Il était ici."
"Ce sont peut-être les traces d'une autre moto", gab

ai observé beobachtet habe
empreintes de chaussures Schuhabdrücke
différentes anders
policiers Polizisten
motard Motorradfahrer

Amandine zu bedenken. "Jessica, **tu te souviens** d'avoir vu une moto ce matin?"
Hatte da ein Motorrad gestanden, als sie den Mann beobachtet hatte? Vielleicht ja, vielleicht nein. Darauf hatte sie nicht geachtet. Sie konnte sich beim besten Willen nicht erinnern.
"Je ne me souviens pas", sagte sie.
"Nous pouvons suivre la trace", schlug Henri vor.
"**Excellente idée!**", fand Lukas.
Vielleicht konnten sie so herausfinden, wo der Motorradfahrer wohnte.

Zuerst war die Spur ganz einfach zu verfolgen. Auf dem Sandweg hatte sie einen klaren Abdruck hinterlassen. Es war wie eine Schnitzeljagd, und Henri rannte den anderen immer ein gutes Stück voraus. Bis sie zum Strand kamen. Dort wartete er auf sie.
"**Il s'est échappé par la plage**", sagte er. "Mais c'est presque la **marée haute**."
Der Strand, an dem sie am Morgen Austern gegessen hatten, war wie verwandelt. Die Felsen standen nun unter Wasser, nur hier und da guckten noch ein paar Spitzen heraus. Der riesige Sandstrand war zu einem

---

tu te souviens erinnerst du dich
Excellente idée! Ausgezeichnete Idee!
il s'est échappé par la plage er ist über den Strand geflohen
marée haute Flut

schmalen Streifen zusammengeschrumpft.
"Zut alors!"
Ihre Ermittlungsarbeit war besser als die der Polizei, sie waren dem Einbrecher auf den Fersen, und jetzt das. Die Spur war zwar noch teilweise zu erkennen, aber das Wasser überspülte sie zunehmend.
"**Il faut se dépêcher** si nous ne voulons pas **être surpris** par la marée haute", meinte Lukas.

Die vier Freunde rannten los. Die Reifenabdrücke führten nach rechts, genau am Flutsaum entlang. Sie folgten ihnen. Doch das Wasser stieg immer höher, und die Spuren wurden immer rarer, je mehr Sand überspült wurde. Jessica hoffte inständig, dass die Fährte sie bald vom Strand wegführen würde. Stattdessen kamen sie in den Bereich eines kleinen Kliffs. Hier hatte der Motorradfahrer den Strand nicht verlassen können. Er musste mindestens bis ans andere Ende des Kliffs gefahren sein. An einigen Stellen klatschte das Meer schon gegen die steilen Sandsteinwände, und die Kinder mussten immer den richtigen Moment zwischen zwei Wellen abpassen, um an diesen engen Abschnitten vorbeizukommen, ohne nass zu werden. Pépi saß in höchster Alarmbereit-

---

il faut se dépêcher wir müssen uns beeilen
être surpris überrascht werden

schaft auf Henris Schulter. Dieser Ausflug so nah am Meer gefiel ihr ganz und gar nicht.
“Allez! Plus vite”, rief Amandine den anderen zu.
Das hätte sie nicht sagen dürfen. Eine Sekunde später ertönte ein lautes Platsch, gefolgt von Geschrei. Henri war gestolpert und in eine anrollende Welle gefallen.
“Pépi! Pépi!”, heulte er. “Où est-il? Pépi!”
Die Kinder suchten mit den Augen das Wasser ab, und Henri liefen Tränen übers Gesicht. Doch dann hörten sie ein aufgeregtes Gepiepse. Die Ratte hatte sich auf einen kleinen Felsen gerettet und stand nun tropfnass und zitternd auf der Spitze des Steins. Lukas packte sie gerade noch rechtzeitig, bevor die nächste größere Welle den Stein überspülte, und überreichte Henri das zappelnde Tier.
“Mince”, fluchte Amandine.
“Je crois qu’il vaut mieux **rentrer à la maison**”, sagte Jessica.
Leider hatte sie recht. Henri war völlig durchnässt, und auch die Mädchen hatten keine trockenen Füße mehr. Es hatte keinen Sinn, noch weiter am Kliff entlangzugehen, und Henri brauchte dringend trockene Kleider.
“**C’est de ta faute!**”, maulte Amandine Henri an.
“Pas du tout!”, rief er.

---

rentrer à la maison nach Hause gehen
C’est de ta faute! Das ist alles deine Schuld!

"**Si**."
"Non, c'est la faute de la mer!", verteidigte er sich.
"Tu as toujours des **excuses**", sagte Amandine.
"**Vous vous disputez** comme **frère et sœur**", kommentierte Jessica.
Dann schwiegen sie alle und stapften misslaunig zurück.

Plötzlich vernahmen sie ein Geräusch. Alle horchten auf. In der Ferne knatterte ein Motorrad.

---

si doch
excuses Ausreden
vous vous disputez ihr streitet euch
frère et sœur Geschwister

Wenn man selbst Einbrecher wäre …

Die Kinder waren durchgefroren, als sie endlich wieder in der Rue des Coquillages ankamen. Der weite Weg in nassen Kleidern hatte ihnen die ganze Wärme aus den Körpern gezogen. Sie hatten Ärger zu Hause erwartet, aber nichts dergleichen. Michelle Duclos war froh, dass keiner erschossen worden war. Sie machte den Holzofen im Wohnzimmer an und brachte ihnen etwas Heißes zu trinken.

"Du **chocolat chaud**", sagte sie und drückte jedem einen Becher in die Hand.

Als Michelle wieder in der Küche war, rückten sie näher zusammen, um die Lage zu besprechen.
"Ce n'est pas comme ça qu'on attrapera le cambrioleur", sagte Lukas. "Nous avons besoin d'un plan."
"C'est vrai." Amandine war der gleichen Meinung. "Avez-vous des idées?"
Einen Moment lang schlürften sie ihren Kakao und überlegten, während Pépi sich vor dem Ofen wärmte und ihr vom Salzwasser verklebtes Fell wieder in Ordnung brachte.

---

chocolat chaud warmer Kakao

"On pourrait lui **tendre un piège**", schlug Henri vor.
Das klang gefährlich, aber gut.
"Et comment?", fragte Jessica.
Henri holte tief Luft: "D'abord ... **on creuse un trou dans la terre**. **Ensuite**, **on le recouvre** avec des branches et ..."
"Mais qu'est ce que tu racontes", unterbrach ihn Amandine. "Nous voulons **capturer** un cambrioleur, pas un **sanglier**!"
Nein, sie brauchten einen vernünftigen Plan. Lukas hatte eine Idee.
"**Réfléchissons bien**", sagte er. "Il faut savoir où le cambrioleur fera son prochain coup. **À ce moment-là**, nous pouvons le surprendre."
"Très bonne idée", fand Jessica. "Mais comment peut-on le savoir? Nous ne sommes pas des **voyants**!"
Henri lachte, aber Amandine hatte einen Einfall.
"As-tu une carte de Kerbelnez? Et un crayon?", fragte

---

tendre un piège eine Falle stellen
on creuse un trou dans la terre graben wir ein Loch in die Erde
ensuite dann
on le recouvre bedecken wir es
capturer einfangen
sanglier Wildschwein
réfléchissons bien lasst uns gut überlegen
à ce moment-là genau dann
voyants Hellseher

sie Henri. “Et tu **as conservé** l’article du journal, n’est-ce pas?”
Damit konnte Henri dienen. Er holte den Zeitungsartikel, und aus dem Arbeitszimmer seines Vaters stibitzte er den Ortsplan und einen Stift.
“Merci”, sagte Amandine und breitete die Karte vor ihnen aus. Dann las sie den Artikel nochmals genau durch und fing an, kleine Kreuzchen in einzelne Straßen zu malen.
“Le cambrioleur était là”, sie zeigte auf ein Kreuz, “et là, là, là et là. Cinq maisons. **Qu’est-ce que vous remarquez?**”
Alle vier starrten auf die Kreuzchen.
“Je ne vois pas”, sagte Lukas.
“Il était partout dans le village”, sagte Jessica.
“Exactement!”, rief Amandine. “Voilà. C’est ça. Il n’a jamais cambriolé **deux fois** dans la même rue.”
“Mais il **a** toujours **choisi** des rues avec beaucoup de maisons de vacances”, sagte Henri.
“Oui”, bestätigte Amandine. “Et de **telles** rues, **il n’y en a plus beaucoup**. Deux peut-être, trois **au plus**.”

---

as conservé hast … aufbewahrt
Qu’est-ce que vous remarquez? Was fällt euch auf?
deux fois zweimal
a … choisi hat … ausgesucht
telles solche
il n’y en a plus beaucoup gibt es nicht mehr viele
au plus höchstens

"**Parfait!** Et **quelles sont ces rues?**", fragte Jessica. Amandine nahm sich nochmals die Karte vor und markierte mehrere Straßen der Länge nach. Henri wollte erst protestieren, sagte dann aber lieber nichts. Er wollte nicht schon wieder alles verderben, aber sein Vater würde toben, wenn er sah, was sie mit seiner Landkarte gemacht hatten.
"Rue de la Mer, **Chemin** du Vent et Rue Atlantique. Voilà les trois rues avec beaucoup de maisons de vacances qui n'ont pas encore été cambriolées."
"Mais", sagte Lukas etwas ratlos und zog die Schultern hoch, "où va-t-il cambrioler la prochaine fois?"
"Rue Atlantique ou Chemin du Vent", sagte Amandine mit fester Stimme.
"Pourquoi?"
"La Rue de la Mer est une **impasse**, alors une **fuite** serait difficile, et les maisons **n'appartiennent pas aux riches**. Il n'y a pas beaucoup à voler."
Das leuchtete ein. Nun mussten sie nur noch herausfinden, welches Haus sich der Einbrecher vermutlich aussuchen würde.

Parfait! Perfekt!
quelles sont ces rues welches sind die Straßen
chemin Weg
impasse Sackgasse
fuite Flucht
n'appartiennent pas aux riches gehören nicht reichen Leuten

Die Rue Atlantique lag so verlassen da, wie sie es erwartet hatten. Jessica hatte den Eindruck, dass es eine der Protzstraßen von Kerbelnez war. Hier gab es richtige Villen mit riesigen Gärten, umgeben von Zäunen und Mauern. Und alle standen leer.
“**Qu’est-ce que vous en pensez?**”, fragte Amandine ihre Freunde.
“Je pense que ce sont de **vraies villas**. Elles ont sûrement toutes un **système d’alarme**”, gab Jessica zu bedenken.
Daran hatte Amandine nicht gedacht. In diesen Häusern gab es bestimmt wertvolle Dinge zu stehlen, aber sie waren auch am besten vor Einbrüchen gesichert. Einfach die Tür einzutreten, wie der Einbrecher es im Ferienhaus der Duclos getan hatte, ging hier nicht. Und hier lag auch kein Schlüssel unter einer Fußmatte.
“Tu as raison”, sagte Amandine. “Allons plutôt voir le Chemin du Vent.”

Im Chemin du Vent reihten sich bescheidene, aber hübsche Häuschen aneinander, keins versuchte, das andere auszustechen.

Qu’est-ce que vous en pensez? Was haltet ihr davon?
vraies villas echte Villen
système d’alarme Alarmanlage

“**Ces maisons s’y prêtent toutes**”, seufzte Jessica etwas mutlos. Aber Amandine schüttelte den Kopf.
“Non. Les numéros un, deux, cinq, neuf, onze et seize ont des **serrures de sécurité**”, sagte sie.
Jessica und Lukas schauten sie erstaunt an. Sie waren etwas schockiert über ihr detailliertes Wissen, was die Schlösser der Wohnhäuser von Kerbelnez betraf.
Aber Amandine fuhr unbeirrt fort: “La numéro quatre est complètement vide, la numéro sept a une clé sous le paillasson, mais il n’y a rien d’intéressant **à l’intérieur**.”
Ihre Freunde waren sprachlos.
“**Je n’en sais pas plus**”, sagte sie. “Vraiment.”
“**C’est déjà pas mal**”, meinte Lukas.
Er fand, dass Amandine eindeutig zu viel über die Häuser anderer Leute wusste. Aber sie hatte noch nicht alle Häuser gesehen. Besonders die mit den höheren Nummern hatte sie sich für später aufgehoben, für den Winter. Das musste jetzt kurzfristig vorverlegt werden.

---

ces maisons s’y prêtent toutes von diesen Häusern kommen alle in Frage
serrures de sécurité Sicherheitsschlösser
à l’intérieur drinnen
je n’en sais pas plus mehr weiß ich auch nicht
c’est déjà pas mal das ist ja schon mal nicht schlecht

Die vier Freunde fühlten sich selber wie Einbrecher, als sie ein Haus nach dem anderen auskundschafteten. Sie schlichen durch die Gärten, spähten durch Tüllgardinen, rüttelten an Fensterläden und sahen von außen durch Spione in verzerrt langgestreckte Hausflure. Amandine suchte an allen einschlägigen Plätzen nach Schlüsseln, und Henri durfte überall seinen Kopf durch die Katzenklappe stecken, wo es eine gab.
Die ersten Häuser sahen nicht vielversprechend aus. Falls es etwas zu stehlen gab, war es wahrscheinlich in Schränken verstaut oder in den oberen Etagen, wo man nicht hineinsehen konnte. Amandine konnte auch keinen Schlüssel finden. Sie hatte schon mindestens zehn Fußmatten umgedreht und unter Blumenkübeln und dekorativen Steinen nachgesehen.
"Ce n'est pas possible", ärgerte sich Amandine.
Jetzt hob sie einen dicken Tonfrosch auf, der neben der Haustür von Nummer 27 hockte. Und endlich – da lag ein Schlüssel.

Die Falle

"Oh là là, il y en a de belles choses dans cette maison", rief Jessica hinter dem Haus.
Sie hatte durch einen Gardinenspalt allerlei Sachen erspäht, die sie als Einbrecherin gern mitgenommen hätte. Hier waren die Regale nicht so aufgeräumt wie in den vorhergehenden Ferienhäusern. Überall stand irgendein Klimbim herum. Das meiste war wahrscheinlich wertlos, aber der kleine goldene Elefant zum Beispiel, der war bestimmt nicht nur Ramsch. Oder das Sparschwein auf der Kommode, das sah irgendwie gut gefüttert aus. Jessica wollte gerade erneut nach den anderen rufen, da bewegte sich die Tür zum Zimmer, in das sie spähte. Ihr Herz setzte für einen Moment aus. Sie blieb wie angewurzelt stehen. Wo waren die anderen? Sie mussten unbedingt gewarnt werden. Da erkannte sie Amandines Lockenkopf.
"**Tu m'as fait peur!**", rief Jessica.
Amandine verstand sie durch die Fensterscheibe nicht, aber nun tauchten auch die Jungs hinter der Tür auf und gaben Jessica Handzeichen, dass sie reinkommen solle.

Tu m'as fait peur! Hast du mich erschreckt!

Sie streiften durch das fremde Haus. Es war ein merkwürdiges Gefühl, uneingeladen und bestimmt auch unwillkommen in den vier Wänden von jemandem zu stehen, den sie nicht kannten und den sie vermutlich auch nie kennenlernen würden.

"Venez voir", kam Henris Stimme aus dem Wohnzimmer.
Sie traten ein, und da waren all die Dinge, die Jessica durch den Spalt in der Gardine gesehen hatte. Der goldene Elefant, Regale voller Bücher, eine Standuhr, Gemälde an der Wand, ein flauschiger Teppich auf dem Boden, Souvenirs aus fernen Ländern auf dem Kaminsims. Der Raum wirkte ein bisschen wie ein Museum, mit dem Unterschied, dass man alles anfassen konnte, ohne dass ein Alarm losging. Jessica konnte nicht widerstehen, sie musste das Sparschwein zumindest einmal anheben. Sie ging hinüber zur Kommode und nahm es in die Hand. Es war ganz leicht, nur wenige Münzen klimperten hohl in dem großen, leeren Bauch des Schweins.
"Il est presque vide, ce cochon", sie war enttäuscht.
"**Spider cochon**, spider cochon, il peut marcher au **plafond** …", sang Henri.

Spider cochon Simpsons Spider-Schwein (US-amerikanische Zeichentrickserie)
plafond Zimmerdecke

“Arrête avec les Simpsons, Henri, **ce n’est vraiment pas le moment**,” sagte Amandine etwas ärgerlich.
“Ce **truc**, on l’appelle une **tirelire**”, belehrte Henri Jessica.
Auch Lukas und Henri begutachteten die vielen Dinge – den gläsernen Briefbeschwerer, das Modellauto auf der Fensterbank, den Weltatlas auf dem Kaffeetisch. Wie einfach es doch wäre, etwas einzustecken. Nur etwas Kleines. Einen Teelöffel oder so. Als Erinnerung an dieses Abenteuer. Aber Amandine schüttelte energisch den Kopf.
“Non, on ne prend rien”, sagte sie und sah Jessica scharf an. “D’accord?”
“D’accord.”
Pépi hatte eine Schale mit Walnüssen auf dem Tisch entdeckt und saß mittendrin. Eine Nuss hatte sie mit ihren scharfen Zähnchen schon geknackt, und nun pulte sie vorsichtig den Inhalt heraus und verspeiste ihn. Pépi sah so zufrieden aus, dass nicht einmal Amandine ernsthaft böse werden konnte. Allerdings packte sie die Ratte am Nacken und drückte sie Henri wieder in den Arm.
“**Occupe-toi** mieux de ton rat”, sagte sie ihm.

---

ce n’est vraiment pas le moment es ist jetzt wirklich nicht der richtige Augenblick dafür
truc Ding
tirelire Sparschwein
occupe-toi (de) kümmere dich (um)

"Tu n'as jamais rien volé?", fragte Jessica.
Sie konnte kaum glauben, dass jemand so eisern widerstehen konnte. Natürlich war es falsch, etwas mitzunehmen, aber es wäre so einfach.
"Une fois, l'année dernière, j'ai pris une **broche**", gab Amandine zu. "Elle était très jolie."
Jessica schielte zu den bunten Tassen in der Vitrine.
"Mais je **l'ai rendue le lendemain**", fuhr Amandine fort.
"Pourquoi?"
"La broche **m'a rendue malheureuse**."
Vielleicht hatte Amandine recht. Wenn man etwas stahl, würde es der Bestohlene möglicherweise sehr vermissen. Von der Seite hatte Jessica das Problem noch nie betrachtet.

Lukas unterbrach das Gespräch der beiden Mädchen und erinnerte sie alle daran, warum sie überhaupt hier waren.
"Écoutez, nous sommes ici pour tendre un piège au cambrioleur. Alors? Comment?", fragte er in die Runde.

---

broche Brosche
l'ai rendue habe sie zurückgegeben
le lendemain am nächsten Tag
m'a rendue malheureuse hat mich unglücklich gemacht

Gute Frage. Wie konnten sie erreichen, dass der Einbrecher sich genau dieses Haus aussuchen würde? Die Haustür offen lassen? Nein, das war zu plump, da würde er eventuell Verdacht schöpfen.
"On peut **renverser** la tirelire sur la table", schlug Henri vor. "Comme ça, le cambrioleur voit l'argent."
"**Cela saute trop aux yeux**", sagte Amandine.
Es musste noch eine andere Möglichkeit geben.
"J'ai une idée!", rief Jessica. "Nous pouvons ouvrir les rideaux **davantage**."
Ja, das konnte funktionieren. Lukas zog den Vorhang etwas zur Seite. Nicht zu viel. Nur so, dass es aussah, als ob er unachtsam zugezogen worden wäre. Jessica ging nach draußen und testete das verbesserte Guckloch.
"Parfait!", rief sie.
So konnte man durch den Gardinenspalt von außen nicht nur den goldenen Elefanten und das Sparschwein sehen, sondern auch die Porzellansammlung in der Vitrine. Mit dieser Inszenierung waren alle zufrieden. Amandine schloss die Haustür wieder ab und legte den Schlüssel zurück unter den Tonfrosch. Heute Nacht würden sie sich auf die Lauer legen.

---

renverser ausschütten
cela saute trop aux yeux das ist zu auffällig
davantage mehr

Henris Geheimnis

Die vier Freunde waren zufrieden mit sich und beschlossen, auf dem Rückweg nach Hause noch eine Crêpe zu essen. Lukas hatte die fünf Euro in der Tasche, die er beim Austernessen beinahe an seine Schwester verloren hatte. Davon konnte er jetzt für alle einen dieser wunderbaren, süßen, hauchdünnen Pfannkuchen kaufen.

Die Kinder standen der Crêperie gegenüber und wollten gerade den Platz überqueren, als sie es wieder hörten. Das Knattern eines Motorrads. Alle vier blieben stehen.

"C'est lui!", rief Amandine.

"Oui, c'est sûrement lui." Lukas war sich auch ziemlich sicher.

"Il est **en train** de **ratisser** le village pour choisir sa prochaine maison", glaubte Henri.

"**Sans aucun doute**", sagte Jessica.

Das Knattern wurde lauter und kam näher. Und dann bog er um die Ecke: ein dunkler Mann auf einem dunklen Motorrad. Diesmal nicht ganz so rasant wie

---

en train (de) gerade dabei (zu)
ratisser durchkämmen
sans aucun doute ohne Zweifel

letztes Mal, aber immer noch zu schnell, fand Jessica. Böse starrte sie ihm nach. Irgendetwas jedoch war anders an ihm. War es überhaupt der gleiche Kerl wie letztes Mal?
"Il a un nouveau **casque**", stellte Lukas fest.
Das war es. Bei ihrer ersten Begegnung hatte er einen etwas abgenutzten dunkelblauen Helm getragen. Jetzt hatte er einen neuen. Einen schwarz glänzenden.
"Il l'a sûrement acheté avec l'argent qu'il a volé", vermutete Henri.
Die andern stimmten ihm zu.
"Mais **cette nuit**, on t'arrêtera", schrie Henri dem Motorradfahrer hinterher.
"Chut!", zischte Amandine. "**Ça ne va pas, non? Je te rappelle** qu'il a un pistolet."
Das Motorrad verschwand um die nächste Ecke, und die Kinder überquerten den Platz und betraten die Crêperie.

"Bonjour Nico!", rief Henri in den leeren Laden hinein.
Die Boule-Spieler waren heute wohl schon da gewesen, denn auf einem Tisch standen noch gebrauchte

---

casque Helm
cette nuit heute Nacht
Ça ne va pas, non? Spinnst du?
je te rappelle ich erinnere dich daran

Pappteller. Aus dem Raum hinter dem Tresen ertönte ein Scheppern gefolgt von Flüchen, aber dann kam Nicolas heraus. Als er die Kinder sah, grinste er sie sofort fröhlich an.
"Ah, mes fidèles clients!", rief er. "**Qu'est-ce que je vous sers?**"
Er rührte wie immer den Teig und füllte dann schon mal eine Kelle voll auf die heiße Platte.
"Aujourd'hui, c'est moi qui offre", sagte Lukas und grub seine Hand in die Hosentasche, um den knitterigen Schein herauszufischen. Aber Nicolas kam ihm zuvor.
"Non, aujourd'hui, je vous invite", sagte er. "Vous ne pouvez pas toujours me **laisser** tout votre **argent de poche**."
Wie nett. So etwas gab es wohl nur in so kleinen Orten wie diesem. Sie setzten sich an einen Tisch am Fenster, und Nicolas briet jedem eine Crêpe. Es war richtig gemütlich.
"Vous prendrez sûrement un coca avec?", fragte er.
Natürlich wollten sie Cola. Was für eine Frage. Zwar würde Henri nach einer Cola die halbe Nacht nicht schlafen können, aber das passte ja ganz gut heute.

Qu'est-ce que je vous sers? Was darf ich euch bringen?
laisser überlassen
argent de poche Taschengeld

"Qu'est-ce que vous allez faire avec vos amis allemands **ces prochains jours**?", fragte Nicolas.
"Nous sommes sur la trace du cam...", erzählte Henri.
"Nous avons commencé à **jouer au gendarme et au voleur**", fiel Amandine ihm ins Wort.
Henri sah sie zornig an. Warum durfte er es nicht erzählen? Nicolas war doch ihr Freund. Aber Amandine wusste genau, dass "Crêpes Nico" ein zentraler Treffpunkt für alle möglichen Leute war. Was hier erzählt wurde, verbreitete sich meist wie ein Lauffeuer in ganz Kerbelnez.

Gerade wollte Henri noch protestieren, da merkte er, dass Pépi, die eben noch unterm Tisch auf seinem Schoß gesessen und seine zuckrigen Finger geleckt hatte, weg war. Verdammt. Ausgerechnet jetzt, hier bei Nicolas. Vor nicht allzu langer Zeit hatte Henri ihm versprochen, seine Ratte zu Hause zu lassen, wenn er in die Crêperie kam. Zwar hatte er sich selten daran gehalten, aber normalerweise hielt sich Pépi ganz brav unterm Pullover versteckt, wenn sie irgendwo waren, wo Tiere nicht erlaubt waren. Nur jetzt war sie weg. Verstohlen blickte Henri sich um.

---

ces prochains jours in den nächsten Tagen
jouer au gendarme et au voleur Räuber und Gendarm spielen

Als Nicolas die Ratte zum ersten Mal in seiner Crêperie gesehen hatte, war er in Panik auf einen Stuhl gesprungen und hatte ein Ei nach ihr geworfen. Er hatte sie nur knapp verfehlt. Einen weiteren Anschlag dieser Art wollte Henri seiner Pépi lieber ersparen.
Lukas bemerkte als erster, dass etwas nicht stimmte. Nach Henris panischem Blick zu urteilen, konnte es nur mit seiner Ratte zusammenhängen. Der Crêpe-Verkäufer musste abgelenkt werden.

"**Sinon**, qu'est-ce que vous nous **conseillez** de faire dans la **région**?", fragte Lukas und zwinkerte Henri zu.

Zum Glück verstand der sofort.
"Je vais aux toilettes", sagte er einfach und ging vom Tisch.
Nicolas setzte sich zu ihnen an den Tisch und überlegte kurz.
"Vous pourriez aller au Branféré, le parc animalier, **par exemple**", sagte er.
"Ah oui, c'est vrai!", fand Amandine. "C'est vraiment très beau là-bas. Les animaux habitent tous ensemble

---

sinon ansonsten
conseillez empfehlen Sie
région Gegend
par exemple zum Beispiel

en liberté: des singes, des kangourous, des perroquets, des girafes, des flamants roses, et cetera."
Das hörte sich wirklich gut an. Vielleicht konnten sie ja morgen oder übermorgen einmal dorthin fahren.

Henri war inzwischen nicht zur Toilette gegangen, sondern hinter dem Tresen verschwunden. Wo konnte Pépi nur stecken? Bestimmt da, wo es etwas zu essen gab. Zwischen den Crêpes-Zutaten konnte er sie allerdings nicht entdecken, weder am Marmeladenglas noch in der Zuckertüte. Viele andere Versteckmöglichkeiten gab es sonst nicht im Laden. Seine Ratte musste durch die Türöffnung hinter dem Tresen in die Privaträume von Nicolas getrippelt sein.

"Une autre **attraction** de la région, ce sont, bien sûr, les **menhirs**", fuhr Nicolas fort.
"Les menhirs?", fragte Jessica.
"Mais oui!"
Was das war, wusste sogar Lukas.
"Comme dans les **bandes dessinées** d'Astérix", sagte er.

---

attraction Attraktion
menhirs Menhire
bandes dessinées Comics

Der Crêpe-Verkäufer nickte. Jessica sah ihren Bruder fragend an.
"Die gibt es wirklich?"
Sie wollte ihm kaum glauben, aber auch Amandine nickte bestätigend. Hinkelsteine hatte Jessica immer für fiktive Gebilde gehalten.
Nicolas stand auf und wollte sich wieder seinem Tresen zuwenden.
"**Et quoi d'autre?**", fragte Lukas rasch, um ihn noch etwas länger an ihrem Tisch festzuhalten, denn Henri war noch nicht wieder aufgetaucht.

Henri war auf der Suche nach Pépi in einen dunklen Flur gelangt. Die Wohnung des Crêpe-Verkäufers schloss direkt an den Laden an. Zum zweiten Mal an diesem Tag befand er sich ungebeten in einem fremden Zuhause.
"Pépi?" wisperte er.
Wo mochte bloß seine Ratte sein? Sie machte sich doch sonst auch nicht einfach davon. Die erste Tür rechts war zu, da konnte sie also nicht sein. Linkerhand war auch eine Tür. Sie stand einen Spalt offen. Henri schob sie etwas weiter auf und steckte seinen Kopf durch.

"Quoi d'autre?", wiederholte Nicolas und dachte

Et quoi d'autre? Und was sonst noch?

Crêper

nach. "Vous êtes quatre enfants, vous pourriez aller à la plage ou **jouer aux boules**, par exemple."
Verdammt, was machte Henri nur so lange? Lukas gingen langsam die Fragen aus. Was konnte man denn sonst noch wissen wollen? Da fiel ihm etwas ein.
"Partout en Bretagne il y a des **tours**", beschrieb er seine Beobachtung, die er auf der Autofahrt nach Kerbelnez gemacht hatte.
"Des tours?"
"Oui. La plupart du temps elles sont **en béton**", sagte Lukas. "Et **le haut** est **plus large** que **le bas.**"
Amandine und der Crêpe-Verkäufer sahen sich ratlos an. Was sollte das sein? Was für Betontürme?
"Ah!", rief Amandine plötzlich. "Je comprends, tu veux dire les **châteaux d'eau**!"
Lukas schüttelte verständnislos den Kopf.
"Ce sont des châteaux?!", fragte er erstaunt. Diese Franzosen hatten wirklich sehr seltsame Vorstellungen von Burgen und Schlössern.

---

jouer aux boules Boule spielen
tours Türme
en béton aus Beton
le haut der obere Teil
plus large breiter
le bas der untere Teil
châteaux d'eau Wassertürme

"Mais non! Ce ne sont pas des châteaux avec des princesses et des rois", erklärte Amandine. "Nous les appelons châteaux d'eau. **Ils contiennent** de l'eau."
Ach so, nun hatte Lukas begriffen, um was es sich bei diesen Bauten handelte.
"Mais on a aussi de vrais châteaux en Bretagne", versicherte ihm Nicolas.

Henri war in eine Art Abstellkammer geraten. Die stand so voller Gerümpel, dass er gleich wieder rausgehen wollte, aber dann hörte er ein Rascheln.
"Pépi?", flüsterte er.
Wo war sie nur? Hinter den aufgestapelten Stühlen? Zwischen der Kleidung in der Wäscheschüssel? Unter dem Tisch? Dort, bei dem Bücherhaufen? In einer der vielen Kisten? Vor dem Ölgemälde? Auf einer der Uhren? Warum hatte Nicolas mehrere große Uhren in der Abstellkammer? Und überhaupt, was machte der silberne Kerzenleuchter aus ihrem Ferienhaus da vorn in der Ecke?
Von rechts kam ein leises Trippeln. Winzige Füßchen auf dem Steinboden. Pépi rannte auf Henri zu, sein Hosenbein hoch und in seine Arme. Sie hatte etwas im Maul. Etwas, das ihm ebenfalls irgendwie bekannt vorkam. Ein Miniaturporträt aus einem Medaillon.

---

ils contiennent sie enthalten

Ein Verdacht

Das Bild war nicht größer als ein Zweieurostück. Es zeigte das Porträt einer jungen Frau in einem roten Gewand und mit kompliziert hochgesteckten Haaren. Henri erkannte das Porträt sofort. Allerdings hatte die Dame auf dem Bild von Pépi nun einen Rattenzahnabdruck auf die Wange bekommen.

Endlich kam Henri wieder hinter dem Tresen hervor. Er machte jedoch einen sehr bekümmerten Eindruck. Seine Freunde erkannten sofort, dass irgendetwas vorgefallen sein musste.

Jessica sah demonstrativ auf die Uhr und rief: "Oh là là, **il se fait tard**. Michelle **risque de s'inquiéter** si l'on ne rentre pas bientôt."
Die Kinder verabschiedeten sich rasch von Nicolas und keine zwei Minuten später standen sie draußen auf dem Gehweg. Es wurde schon dämmerig. Sie sollten sich wirklich auf den Nachhauseweg machen.
"Qu'est-ce qui s'est passé?", fragte Lukas, als sie außer Seh- und Hörweite der Crêperie waren. "Tu ne l'as pas **retrouvé** ton rat?"

---

il se fait tard es wird spät
risque de s'inquiéter könnte sich Sorgen machen
retrouvé wiedergefunden

"Si, je l'ai retrouvé", sagte er. "Mais..."
"Mais quoi?", fragte Amandine.
"J'ai aussi trouvé le cambrioleur", sagte Henri.
"Le cambrioleur?", fragte Jessica. "Où ça?"
"Chez Nicolas", sagte Henri.
"Comment? Le cambrioleur se cache chez Nicolas?"
Henri zuckte mit den Schultern.
Die anderen sahen ihn ungläubig an.
"**Vous souvenez-vous** de la photo de la miniature dans le journal?", fragte Henri. "**Ben**, j'ai trouvé cette miniature chez Nicolas. Et puis ... notre chandelier d'argent."
"Mais **n'importe qui** peut avoir une miniature comme ça", rief Amandine.
Das bewies gar nichts.
Eben hatten sie sich doch noch nett mit Nicolas unterhalten, und er hatte ihnen so leckere Crêpes gebraten.
"Ce n'est pas possible", sagte Amandine. "Tu as des **preuves**?"
Nein, Beweise hatte er keine. Die Beweise lagen alle bei Nicolas in der Wohnung. Das Porträt hatte er auch wieder zurückgelegt.

---

vous souvenez-vous erinnert ihr euch
ben äh
n'importe qui jeder x-Beliebige
preuves Beweise

Die vier Freunde schwiegen betreten.
Dann fiel Jessica noch etwas ein: “Et le motard?”, fragte sie. “Il n’est plus **suspect**?”
“Il est peut-être son **complice**”, meinte Henri.
Nein, das hielten sie für ausgeschlossen. Auch Henri fing an zu zweifeln. War das alles nur ein Zufall? So einen silbernen Leuchter, zum Beispiel, hatte er auch schon bei seiner Tante in Brest gesehen. So einen ähnlichen zumindest. Besonders selten war der also nicht.

Es war schon fast Mitternacht. Jessica und Lukas saßen bei Henri auf dem Bett und spielten “**pierre-feuille-ciseaux**”, um die Wartezeit zu vertreiben. Noch Ewigkeiten hatten sie Henris Mutter unten in der Küche und im Wohnzimmer herumklappern hören, aber nun war seit etwa zehn Minuten alles ruhig. Michelle Duclos war endlich schlafen gegangen.
“On y va?”, fragte Henri und setzte die Ratte auf seine Schulter.
“Oui, on y va”, sagte Jessica.

Von Henris Kinderzimmerfenster aus gelangte man relativ einfach auf das Dach der Garage. Durch die

---

suspect verdächtig
complice Komplize
pierre-feuille-ciseaux Stein, Papier, Schere (Spiel)

Haustür wollten sie nicht gehen. Henri wusste, dass Michelle einen sehr leichten Schlaf hatte und beim Knarren der Treppe auf jeden Fall aufwachen würde. Lukas kletterte als erster über das Fensterbrett nach draußen und ließ Henri in seine Arme springen. Als letzte folgte Jessica. An der einen Garagenwand befand sich ein Spalier, an dem einmal Rosen hinaufwachsen sollten. Die Pflanzen waren jedoch noch sehr klein, und so konnten die Kinder ganz bequem an dem Gitter vom Dach hinunterklettern.
Wo war Amandine? Da! Sie stand bereits unter dem knorrigen Feigenbaum.
"Vous êtes en retard", sagte sie vorwurfsvoll.
"Maman **s'est couchée tard**", entschuldigte sich Henri.
"Nous l'**avons** sûrement **raté**, ce cambrioleur", glaubte Amandine.
"Ce n'est **même pas** minuit", sagte Jessica.
"Nous ne voulons pas attraper un fantôme, **mais** un cambrioleur!"
"Allons-y!"
Sie marschierten los in Richtung Ortsmitte. Vorbei an der Kirche und dem Boule-Platz. Wie am ersten

---

s'est couchée tard ist spät schlafen gegangen
avons … raté haben … verpasst
même pas noch nicht einmal
mais sondern

Tag. Alles war ausgestorben. In den Häusern war es dunkel, und die Straßenlaternen spendeten spärliches Licht.

“J’espère que le cambrioleur sera encore à la maison”, sagte Jessica.

Sie waren gerade auf der Höhe von “Crêpes Nico”.

“Moi, j’espère qu’il **continuera à dormir**”, murmelte Henri.

Die Crêperie lag im Dunkeln, aber genau als sie unten vorbeigingen, ging im oberen Stock ein Licht an.

“Nicolas est allé **faire pipi**!”

Henri musste kichern. Die anderen fanden das nicht ganz so lustig, blieben aber unwillkürlich stehen. Ein weiteres Licht ging an. Nicolas’ Schatten bewegte sich hin und her. Er stand kurz am Fenster, kippte ein Glas Wasser in sich hinein und setzte sich eine Kappe auf.

“Il va **sortir**?”, wunderte sich Amandine. “À minuit?”

“Il a peut-être une **petite amie**”, meinte Jessica.

Das Licht ging aus. Nichts geschah.

“Il est allé se coucher”, meinte Henri.

---

continuera à dormir weiterschläft
faire pipi Pipi machen
sortir ausgehen
petite amie Freundin (in einer Beziehung)

"Avec sa casquette? **Cela m'étonnerait**."
Eine Minute später stand Nicolas vor seinem Haus. Henri hoffte, er würde nur kurz eine Zigarette rauchen und dann wieder reingehen. Aber er schloss die Haustür ab. Henri wurde nervös. Warum bloß musste Nicolas genau jetzt das Haus verlassen? Konnte er nicht zu Hause bleiben? Aber Jessica hatte recht, vielleicht wollte er nur seine Freundin besuchen. Das war eine Möglichkeit. Hoffentlich hatte er wirklich eine Freundin.
Der Crêpe-Verkäufer bemerkte die vier Kinder im Hauseingang gegenüber nicht und marschierte strammen Schrittes los.

"**On le suit?**", fragte Lukas.
"Pourquoi?", fragte Henri kleinlaut.
"Pourquoi pas?", fragte Amandine zurück, die durchaus gern wissen wollte, ob Nicolas eine Freundin hatte.
"Et le cambrioleur?", sagte Henri. "Nous devons aller dans le Chemin du Vent."

---

cela m'étonnerait das würde mich wundern
On le suit? Sollen wir ihm folgen?

"C'est exactement ce que nous sommes en train de faire", erwiderte Amandine. "Mais, **par hasard**, Nicolas et nous, nous allons dans la même **direction**."
Dagegen konnte Henri nichts sagen.

Sie folgten Nicolas in großem Abstand. Er ging genau da entlang, wo sie auch gegangen wären. Durch die Wohnstraßen in die Gegend mit den Ferienhäusern nahe am Meer. Jede Biegung, die er nahm, hätten sie auch genommen. Die vier Freunde merkten bald, dass dies kein Zufall sein konnte.
"Mes chaussures", jammerte Henri, blieb stehen und nestelte an den Schnürsenkeln.
"**Laisse tomber**", sagte Amandine.
Sie konnten sich doch jetzt nicht durch so was aufhalten lassen.
Nicolas bog in den Chemin du Vent ein, ohne sich umzusehen. Er ging an all den Häusern vorbei, die sie am Nachmittag untersucht hatten. Bei Nummer 27 blieb er stehen. Und dann ging die Straßenbeleuchtung aus.

---

par hasard zufälligerweise
direction Richtung
laisse tomber vergiss es

Der Motorradfahrer

"Mince!", fluchte Amandine.
"Une **panne de courant**?", fragte Lukas.
"Non, c'est une **mesure d'économie d'énergie** de Kerbelnez", erklärte Amandine. "L'**éclairage public s'éteint** à minuit."
Sie konnten fast gar nichts mehr erkennen. Es war stockdunkel, und ihre Augen mussten sich erst an die Finsternis gewöhnen. Nicht einmal der Mond schien. Vorsichtig gingen sie näher heran. Dann sahen sie plötzlich einen schmalen Lichtkegel an der Haustür von Nummer 27. Nicolas hatte eine Taschenlampe hervorgeholt und ihren Schein auf den Tonfrosch gerichtet. Er hob den Frosch auf, griff nach dem Schlüssel, und Sekunden später war er im Haus verschwunden.

"Qu'est-ce qu'on fait maintenant?", flüsterte Jessica.
"Appeler la police?", schlug Lukas vor.
"**Ça ne va pas la tête!** C'est Nicolas!", empörte sich Henri. "C'est notre ami."

---

panne de courant Stromausfall
mesure d'économie d'énergie Energiesparmaßnahme
éclairage public Straßenbeleuchtung
s'éteint geht aus
ça ne va pas la tête du tickst wohl nicht richtig

"C'est vrai", sagte Amandine. "Mais il est en train de cambrioler cette maison. Nous devons appeler la police. C'est notre **devoir**."
"Non!", rief Henri.
"Quelqu'un a-t-il un **portable**?"
Jessica hatte ihres tatsächlich dabei. Sie zog es aus der Hosentasche und überreichte es Amandine.
"**Téléphone à la police, toi**", sagte sie.
Sie wollte sich nicht blamieren. Wenn sie anrief, würde die Polizei sicher denken, dass es sich nur um einen Streich handelte.
Aber Henri rief: "Non, attendez! Je dois lui parler."
"Et pourquoi?", fragte Jessica. "Combien de maisons a-t-il déjà cambriolées? Cinq? Six? Il vole **sans le moindre scrupule**. Qu'est-ce que tu penses qu'il te répondra? Qu'il va **se livrer à la police**?"
Henris Augen füllten sich mit Tränen.
"C'est quel numéro? Le 110? Le 112?", fragte Lukas.
"Non, le **numéro d'appel d'urgence** de la police est le 17", sagte Amandine und klappte das Handy auf.

---

devoir Pflicht
portable Handy
téléphone à la police, toi ruf du die Polizei an
sans le moindre scrupule ohne die geringsten Skrupel
se livrer à la police sich der Polizei ausliefern
numéro d'appel d'urgence Notrufnummer

Da hielt Henri es nicht länger aus. Bevor ihn jemand zurückhalten konnte, rannte er durch den Garten und verschwand im Haus.

Im Haus war es ebenso dunkel wie draußen. Henri stand im Flur und fragte sich, wo Nicolas geblieben war. Dann hörte er ein Geräusch im Wohnzimmer. Dort waren sie am Vormittag auch gewesen. Ein Aufblitzen der Taschenlampe. Ja, da war er. Henri stürzte hinein.

"Laisse la tirelire!", rief er und griff nach Nicolas' Arm. "**Tu n'as pas le droit** de la prendre!"

Das Sparschwein polterte zu Boden und zerbrach.

"La police va arriver!"

Münzen rollten über den Fußboden.

Nicolas wirbelte herum und packte den kleinen Henri.

"Qu'est-ce que tu fais là, **hein**?", brüllte er ihn an und leuchtete mit der Taschenlampe in das Kindergesicht. "Toi?!", rief er verblüfft, als er den Jungen erkannte.

"**Aïe**", jammerte Henri. "**Tu me fais mal!**"

Nicolas packte fester zu.

---

tu n'as pas le droit du darfst … nicht
hein na
aïe aua
Tu me fais mal! Du tust mir weh!

"Qu'est-ce que tu as dit?", donnerte er ihn an.
"Tu me fais mal!" schrie Henri.
"Non, **avant**!"
"La police!", jaulte er. "Laisse-moi!"
Aber Nicolas dachte gar nicht daran loszulassen. Der Junge konnte ihm vielleicht noch ganz nützlich sein.

Pépi hatte sich bei dem ganzen Tumult lieber unter Henris Pullover aufgehalten. Die Stimme des Crêpe-Verkäufers war ihr noch nie ganz geheuer gewesen. Aber jetzt, wo sie Henri wehklagen hörte, kam sie heraus. Sie sprang Nicolas an und biss mit aller Kraft in seine Hand. Der schrie auf und ließ Henri und die Taschenlampe gleichzeitig los.
"Aïe, aïe, aïe!"
Nicolas stolperte vor Schmerz gegen einen Tisch und schlug mit seiner blutenden Hand um sich. Die Taschenlampe flackerte noch einmal auf und erlosch.
"Pépi!", rief Henri in Angst um sein Tier. "Attention!"
Aber Pépi ließ nicht locker.

---

avant vorher

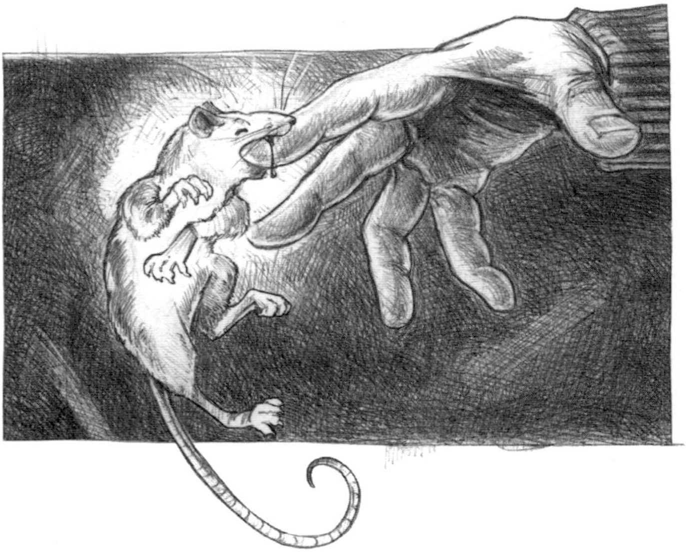

Amandine, Jessica und Lukas hielten es draußen nicht länger aus. Sie stürmten ins Haus. Im Dunkeln konnten sie nicht sehen, was sich da abspielte, aber sie hörten, dass Nicolas vor Wut und Schmerz tobte. Da fand Lukas den Lichtschalter. In dem Moment gelang es Nicolas, die Ratte abzuschütteln. Die Kinder wollten sich auf ihn stürzen, aber jetzt zog er eine Pistole.

"Vous pensez que j'ai peur de l'utiliser?", rief der Crêpe-Verkäufer und fuchtelte mit der Waffe.

In Panik brüllten sie alle wild durcheinander. Raus hier, nur schnell raus!

Bei dem Lärm hatte keiner gemerkt, dass draußen ein

Motorrad angehalten hatte. Ein Mann im schwarzen Leder-Outfit stürmte ins Haus. Beinahe hätten die Kinder ihn umgerannt.
“Le complice!”, kreischte Jessica.
“Nous sommes perdus!”, schrie Lukas gleichzeitig.
“C’est la **fin**!”, heulte Henri.
Nur Amandine erfasste die Situation sofort: Polizei!
Der Mann riss seinen Helm vom Kopf und wandte sich an Nicolas.
“Monsieur, je vous arrête. Vous êtes **accusé de cambriolages** dans plusieurs maisons”, sagte er und zückte ein Paar Handschellen.
Nicolas ließ seine Waffe fallen.
“Alain Rochefort”, stellte der Motorradfahrer sich vor. “Inspecteur de police.”
Jemand schluchzte.
“Henri! Arrête!”, befahl Jessica.
Aber es war Nicolas.

Am anderen Tag schien die Sonne, und Amandine, Jessica, Lukas, Henri und Pépi saßen am Strand und aßen Feigen. Michelle Duclos hatte ihnen einen Korb voll süßer Früchte frisch aus dem Garten mitgegeben.
“On doit écrire une carte postale à nos parents”, sagte

---

fin Ende
accusé de cambriolages des Diebstahls beschuldigt

Jessica und biss in ihre neunte Feige. "Ils ne vont jamais croire ce qui s'est passé ici!"
Henri war weniger begeistert.
"**Plus jamais** de crêpes chez Nicolas", seufzte er und stocherte mit einem Finger im Sand herum.
Er war noch immer traurig, dass der Crêpe-Verkäufer festgenommen worden war. Obwohl er ihn und seine Ratte nicht besonders gut behandelt hatte.
"Mais pense à ce **que nous avons réussi à faire**", versuchte Lukas ihn aufzumuntern.
Beute im Wert von über 60 000 Euro hatte die Polizei sicherstellen können. Nicolas hatte noch nichts verkauft, nur etwas von dem Bargeld ausgegeben. Alles war noch in tadellosem Zustand. Nein, nicht ganz alles. Eine Miniatur hatte erheblich gelitten. Niemand konnte sich erklären, warum das Porträt beschädigt war. Henri schon. Aber er behielt sein Geheimnis für sich.
"C'est vrai, **c'est dommage**, plus de crêpes", meinte Jessica.
Henri sah auf.
"Ma maman, elle fait de très bonnes crêpes, elle aussi!", sagte er und fütterte seine Ratte mit einem Stückchen Feige.

---

plus jamais nie mehr
que nous avons réussi à faire was uns gelungen ist
c'est dommage schade

Langenscheidt
„Super schnel
super facile!“
JEDERZEIT UND ÜBERALL DIE RICHTIGE ÜBERSETZUNG FINDE
Die praktischen Schulwörterbüche für jede Gelegenheit, auch für unterwegs. Mit dem relevanten Wortschatz für die ersten Lernjahre – kompakt und übersichtlich strukturi
MIT GRATIS WÖRTERBUCH-APP!
Langenscheidt Schulwörterbuch Französisch
Französisch – Deutsch
Deutsch – Französisch
Französisch: 978-3-468-13219
Englisch: 978-3-468-13137
Latein: 978-3-468-13205
Preis je Titel: 14,99 € (D) • 15,40 €
www.langenscheidt.de